新世紀叢書

當代重要思潮・人文心靈・宗教・社會文化關懷

附瑪汀娜．法蘭克（Martina Frank）所繪十九幅插畫

相關評論

讀起來非常有趣。——布萊梅廣播

深具啟發性！——*arte Magazin*

研究愛情和人類自主性的諾拉·克蕊芙特以清新的方式，深入洞察思想家們的理論，並進一步演繹其思想。這本書既有趣又深刻，讓愛在各個層面閃耀。——*Kulturtipp*

透過這場思想遊戲，諾拉·克蕊芙特將幾個世紀的哲學史濃縮為一部深具娛樂性——這在哲學上尤其重要——且簡明易懂的著作。——*Büchermagazin*

把不同時期的哲學家集中在同一個空間，讓他們討論「愛情」這個主題是個好點子。作者寫作風格相當美妙，就連「哲學門外漢」也能跟得上，理解書中的討論，適時（由各角色）插入的說明格外有幫助。這本書不僅知識豐富，還很有趣，娛樂性十足。——亞馬遜讀者

本書呈現各種面向的愛以及愛的能耐——讀者將感到驚訝，並以顫動的心緊握住這本書！——赫爾柏特．帕拉達卻．貝斯特勒（Bücherrundschau）

內容適合不太了解書中哲學家的讀者，本書是個簡易入門，也成功讓人一窺究竟。不過對熟悉哲學的讀者而言，本書也提供了相當嶄新又有意思的觀點。——亞馬遜讀者

獻給艾曼紐

Für Emanuel

蘇格拉底談愛情 Was ist Liebe, Sokrates ?

【目錄】本書總頁數共240頁

前言

愛情總是讓我們神魂顛倒。人無法一邊戀愛一邊如常生活：愛情徹底改變我們，轉變欲望和期盼，也讓我們的感受有所不同，當我們陷入愛戀，我們所見所聞不再如同以往，因為我們的注意力有了新的焦點，戀愛初期特別會讓我們感到迷惑、消耗精力也就不足為奇。所有的念頭瞬間只圍繞著摯愛，最渴望這份愛戀得到回應。這使人相當容易受傷，不僅在最初的時候，而是根本上即是如此：戀愛的人並不真的習慣愛情，並未隨著時間就比較不容易受傷。好比當我們失去某個親愛的人，每天照常起床過日子就沒那麼容易，宛如有了愛方知究竟何謂死亡和形隻影單。

愛情有時瞬間降伏我們，有時緩緩攻城掠地，無論如何卻都不受我們直接控制。愛情雖然左右我們的主意，至少在重要的事情上，但我們對愛情本身並不容易做出決斷。我們可以認愛或不認愛，可以試著對湧上的情緒和願望視而不見，但是到底愛或不愛卻不受我們掌控，不管是浪漫的愛情、父母之愛、手足之情或深刻的友情等等都一樣。

愛讓我們產生這般變化，讓我們變得脆弱，我們卻根本無法掌控愛，那麼我們為何還這般渴望愛？愛有何特別之處？為何大多數人寧願愛得不幸福，而非根本就不去愛？我們為何以數不盡的曲子歌詠愛情？找到表達愛的正確字眼為何那麼難？我們何以一再迷失又重新開始？

因為愛是這般驚人的現象，也因為愛自人類有始以來就存在——至少自成文史以降——哲學向來也對愛情多做思考。每個世紀的偉大哲學家都曾發出疑問：浪漫的愛、雙親的愛、手足之情和深刻友情的共通點是什麼？究竟是什麼使之成為「愛」？還將他們的聰明想法寫了下來。要是他們能穿越時空旅行，和我們討論對愛的疑問，不是很令人興奮嗎？談論所有人類一直提出的根本問題，尤其是我們目前面臨的一些課題，以及我們這個時代和文化的呈現——約會軟體、愛情和人工智慧等諸如此類——不是很棒嗎？

在接下來的十個章節當中，我將繼續編排這個思考遊戲，八個哲學家聚在一起，而且是在伊曼紐．康德位於柯尼斯堡的房子裡，柯尼斯堡就是今日的加里寧格勒（Kaliningrad）。這些哲學家是出自完全不同時代的歷史人物，他們對愛情哲學做出根本貢獻：古典時期的蘇格拉底，中世紀前期末的奧古斯丁，十八世紀的伊曼紐．康德，以及十九世紀的索倫．齊克果，二十世紀前半的西格蒙德．佛洛伊德和馬克斯．謝勒，還有二十世紀後半的西蒙．波娃及艾瑞絲．梅鐸。因為伊曼紐．康德寄出了神祕邀請函，他們於是聚集在一起。從前他經常邀請賓客，但從某個時候開始，他的身邊沉寂了下來。現在他突然從沉潛中冒出頭來，想討論一下愛情這回事。歷史上的伊曼紐認為愛在道德上有所疑慮，本書中的這一個伊曼紐想再次展開這個主題，他的七位賓客則提供支援。

他們當然進行各種可能的討論：討論愛究竟是什麼，愛是否有理由，如何解釋戀愛的人將愛人視為無可取代，不會隨便用相似或任何一個「比較好」的對象來替換；愛和荷爾蒙有什麼關聯，人是否能愛上機械人，是否可能和機械人做愛。愛和自主是否彼此相斥，或者甚至相互啟發；愛為何讓人感覺幸福（有時也讓人感到極端不幸），是否有權利要求愛。愛能否加以練習，愛情藥丸究竟是什麼，該如何評斷約會軟體，以及其他許多面向。參與討論者可說在恆久的問題與當今課題之間來回穿梭。

這八個人物在本書中的言論不能被全盤認定為他們歷史「手足」的看法，因為這些歷史手足尚未真的思考過性愛機器人和約會軟體等問題，也因為書裡這些人物經常改變他們的看法，就像在討論當中經常發生的那樣。他們從各自原本所持的立場出發，但是他們也接受其他參與者的影響，只要對方提出令人信服的相對論述。有時他們踏上全新的道路。

我希望他們的心血來潮激起您一起思考的興致。目前愛的哲學正迫切需要集思廣益，一方面是因為愛的哲學相對新穎：愛的哲學不久前才重新醒目地進入我們的視野，有許多創新的研究——我們的八位與會者將闡述其中幾個研究。另一方面，因為愛在我們這個政治動盪的時期乃是個重要課題。雖然愛從本身強烈地專注在特定人士身上開展，但是愛畢竟也讓我們看到所有人類的根本不可取代性，喚醒我們對正義的覺知。此外，愛釋放所有可能的力量：戀愛的人充滿創造力，不會快速放棄。我們必須利用這一切，好著手處理我們這個時代的重大任務。

思考和愛有時相對立。愛完全是感覺，和思考相差十萬八千里，大家都這麼說。但是我認為，感覺本身是對世界的濃縮想法，更重要的是：愛**激發**我們思考。在柏拉圖的對話錄〈費德羅篇〉當中，蘇格拉底解釋，愛上另一個人的（其中一層）意義在於，想和對方一起進行哲思。哲學需要這個動機，因為有了對另一個人的愛，才開啟我們對智慧的喜愛。如果蘇格拉底說得對，愛就不只是哲學的重要課題之一，愛和哲學根本彼此相互依存：愛呈現為哲思，哲思沒有愛就無法開展，亦即沒有對另一個人的愛就沒有哲思。

這當然是個激進的論點，我們必須進一步探討，才能正確加以理解，不過我感覺其中自有真理。愛主要和人類想要理解自我以及這個世界的欲求相連結，戀人們想一起思考該如何生活，他們該相信什麼，可以希冀什麼——即使人們並未隨時意識到，或者並未顯著發生。說不定，書中八位思想家共同進行哲學思考就是種友情的表現，是愛的實踐。

諾拉・克蕊芙特，二〇一九年八月

哲學茶會

蘇格拉底

蘇格拉底來自雅典，生於西元前四六九年，一生大部分時間在城裡的市集廣場度過，好糾纏路人進行哲學討論。他特別關注人該如何生活，他認為，未曾經過質疑思索的生命不值得活。強調自己根本什麼都不知道，對他而言很重要。因為他認知自己的無知，據說德爾菲（Delphi）的神諭因此表示，沒有人比蘇格拉底更有智慧。西元前三九九年，他被判死刑，因為據稱他譏

嘲神祇，誘拐少年。他和贊西佩（Xanthippe）結婚，兩人育有多名子女。

蘇格拉底最知名的學生是柏拉圖。西元前三九九年的事件後，他開始撰寫哲學對話錄，蘇格拉底在其中以主要角色登場。對話錄當中有三篇特別談論愛：〈呂西斯篇〉（*Lysis*）是較早的對話篇，蘇格拉底和兩個孩子談論他們的友情，以及他們和雙親的關係；〈會飲篇〉（*Symposion*）敘述詩人阿伽頌（Agathon）身邊發生的故事，引出一連串關於愛神愛洛斯（Eros）的聞名智慧之語；最後是〈費德羅篇〉（*Phaidros*），敘述蘇格拉底和俊美的費德羅討論愛對於戀愛中人是否有益。有個不斷出現的論點是，對他人的愛奠定在對智慧的渴求之上。

奧古斯丁

西元三五四年，奧古斯丁誕生在今日阿爾及利亞的塔加斯特城（Tagaste），他的《懺悔錄》（*Bekenntnisse*）——冗長的祈禱，同時也是他的自傳——分成兩部分，第一部分描述他積極進取的知識生活，以及他內心的哲學困境，直到西元三八六年他改信基督宗教。第二部分涉及一些哲學問題如：時間是什麼？我如何認知我自己，如何認知上帝，二者何以相互關聯？西元三九六年，他被任命為希波（Hippo）的主教，直到他生命終了於西元四三〇年。愛是他許多著作的核心課題：他研究神如何被理解為愛，何謂愛神及愛眾，以及這樣的愛和友情及情欲關係如何互動。奧古斯丁有句名言是這麼說的：「愛汝所愛，行汝所欲！」他在改信基督宗教之前，曾和一位女性共同生活多年，應該相當愛對方，兩人生有一子。

伊曼紐・康德

西元一七二四年，伊曼紐・康德生於柯尼斯堡，一八〇四年死於柯尼斯堡，他在這段期間幾乎不曾離開這個城市。他的三本「批判」著作——《純粹理性批判》（*Kritik der reinen Vernunft*）、《實踐理性批判》（*Kritik der praktischen Vernunft*）以及《判斷力批判》（*Kritik der Urteilskraft*）屬於哲學史上最重要的作品，可說有如哲學界的「哥白尼革命」①。出人意表地，他對愛的著墨甚稀，可能是因為他認為愛有道德疑慮。在一些論文當中，他稱情欲關係的排他愛戀是絕對的「病態」，將之劃歸完全無法成為道德行為動機的一種起心動念。在晚期的著作中，他對愛的道德位階看法卻似乎陡變，顯得比較正面。究竟

① 譯註：亦即從地球中心論轉為太陽中心論，康德哲學則標示著哲學研究由本體論轉向認識論。

他是否改變自己的想法，這是個有趣的問題。康德未曾結婚，也沒有子嗣，但是他喜歡經常邀請賓客，和朋友一起享用紅酒。

索倫・齊克果

索倫・齊克果於西元一八一三年在哥本哈根出生。

他的許多哲學作品以文學為基底：虛構的人物說著內心獨白，自尋解釋，思索，撰寫書信。但是只專注談論愛的作品——《愛的作為》（*Die Taten der Liebe*）——是以他的本名發表，並且沒有任何文學距離。《愛的作為》闡述基督之愛與永恆之間的關係，以及愛的轉變力量。但本書同時也是對中產階級婚姻的批判，更可說是對排他情欲關係的批評，人在這樣的陶醉之中經常以自我為中心，愛在其中因此並不能真的開展。也許是像這樣的想法促使齊克果解除他和雷基娜・歐森

（Regine Olsen）的婚約，雙方都深感痛苦。在雷基娜之後，他再也沒有發展出愛情關係。西元一八五五年，他因中風而英年早逝。

西格蒙德・佛洛伊德

西格蒙德・佛洛伊德於一八五六年生於今日捷克境內普日博爾（Příbor），後來住在維也納。他是神經學家，也是精神分析學的創立者，這是一種受創心理的治療方式，無意識的期望和想法被袒露，進而失去它們的影響力。核心的心理學概念如「無意識」、「投射」、「壓抑」和「昇華」都源自於他。在《性學三論》（*Drei Abhandlungen zur Sexualtheorie*）中，他認為性衝動（Libido）是人類行為的核心解釋。在後來的著作《慾望法則之外》（*Jenseits des Lustprinzips*）中，性衝動不再是純粹的欲望追求，而是對生命、發展、理解的渴

求——這時他稱之為「愛欲」（Eros）。除了「愛欲」之外，卻有另一種相似的強烈衝動追求止息狀態，也就是死亡衝動。一九三八年，佛洛伊德和家人為了躲避納粹從維也納流亡倫敦，一年後逝世於此地。他的妻子瑪爾塔·貝爾奈斯（Martha Bernays）和他育有六個孩子，其中特別是他的女兒，同為心理分析師的安娜·佛洛伊德（Anna Freud）和他維繫緊密的友誼。

馬克斯·謝勒

馬克斯·謝勒於一八七四年誕生於慕尼黑，後來擔任科隆大學的哲學與社會學教授。在他的著作《實質的價值倫理學》（*Die Materiale Wertethik*）與《同情的本質與形式》（*Wesen und Formen der Sympathie*）中，他認為客觀價值存在，而且我們能藉助感覺加以認知。但是愛不僅是對愛人的價值認

知，謝勒將愛描繪成趨向愛人身上更高價值的行動，這種更高的價值在愛人身上已經具備雛形，但是尚未完全實現，愛有助於實現此一價值。他一般將愛與恨視為人類行為的根本動機。他有過幾次婚姻，因此飽受天主教會批評，於是他後來也和教會保持距離，他原本於一九一六年從猶太教改信天主教。他有一個兒子。一九二八年，他英年早逝於法蘭克福。

西蒙・波娃

西蒙・波娃於一九〇八年誕生在巴黎。從索邦大學和高等師範學院以最優秀成績畢業之後，波娃成為教師、自由作家和存在主義哲學家。在她的著作《第二性》當中，她提及愛在父權關係下對女性的危害。因為女性在父權體系下無法完全展現自身天賦，女性經常在愛之中尋找擺脫沮喪的出

路：她們依附男性，由男性替代她們活得自由並且思考，還讓男性書寫她們的歷史。因此女性不要維持傳統關係可能比較好，應該不顧一切阻礙，主張自己的獨立性。波娃因此也從未結婚，而是和她的生命伴侶尚—保羅．沙特保持開放關係。她一九八六年逝世時被葬在沙特旁邊。

艾瑞絲．梅鐸

艾瑞絲．梅鐸於一九一九年誕生在都柏林。她在牛津和其他女性哲學家如伊莉莎白．安斯康姆（Elizabeth Anscombe）及菲利帕．福特（Philippa Foot）一起教授哲學，但是有別於她的同事，她不僅撰寫理論性論文，還特別因為寫作長篇小說而聞名。愛對她而言是個重要的哲學和文學課題：透過愛，我們眼前的遮幕透明起來，我們「厚重且剛強的自我」一般纏繞著雙眼，阻

止我們正確地觀看其他人。愛意味著正確地觀看情人，適當地對待情人。她所謂的這種「無我」可以經由練習而得，例如沉浸在藝術作品之中。梅鐸和約翰·貝禮（John Bayley）結婚。在她一九九九年死後，貝禮撰寫了她最後幾年生命的輓歌，後來改拍成電影。她和貝禮維持開放關係，她愛得很多，愛得激情，男性和女性都有。

第 *1* 章

談情論愛：歡迎來到柯尼斯堡！

Eine Diskussion über die Liebe: Willkommen in Königsberg

伊曼紐．康德在家中迎接賓客。

「你為什麼想談論愛呢？在這麼長的時間之後，我親愛的朋友……」艾瑞絲暗自想著。她的目光快速掃過床邊書架上的書背，沉思著折起手巾，伊曼紐之前把手巾留在洗手槽邊上。要是從山牆窗看出去，可以望進旁邊的幾個院子，樹幹上光禿禿的枝子在風中拍擊，亂糟糟的灌木叢提供老鼠和刺蝟窩居之處。小鳥整理羽毛，使之顯得豐厚，受凍地跳來跳去。

樓下突然傳來大聲的「哈囉！」，艾瑞絲走進樓梯間，在樓梯扶手上彎身，看到伊曼紐幫一群踏進門的客人拿外套。「我很高興你們來到我這裡！」他喊著，有個穿著高級套裝、戴著金絲眼鏡的男士打趣地說：「要是我們不來你這裡，聚會就開不成了。」伊曼紐有些尷尬地微笑，似乎想要回應，卻只是指著往上到二樓的路。穿著套裝的男士扶著另一位賓客，對方跛著腳，樓梯爬得費力。

他們後面還有一個人蹣跚地走進來，一個高大的男性，雖然天氣寒冷，額頭上卻冒出汗珠。他揮著邀請函，喃喃地說：「你的地圖實在太可怕了，伊曼紐，我迷路了。我不該來柯尼斯堡！」門被推得大開，幾乎撞到一位女士，她在緊要關頭跳到一邊。「小心點，馬克斯！」她責怪地說，把頭上繫著的方巾整理好。

「西蒙！」艾瑞絲從上方喊著。西蒙朝上眨眨眼，招招手。「蘇格拉底在哪裡？」跛行的男士走到樓梯一半暫時喘息時問道。伊曼紐表示蘇格拉底已經在餐廳等著之際，艾瑞絲快速從房間拿出針織夾克，跑到樓下，趕在其他人之前來到蘇格拉底身邊。

蘇格拉底圍著披巾站著，背對著門，雙腳保持平衡。艾瑞絲從後面溜向他，點點他的肩膀，卻早一步發出笑聲。「艾瑞絲，是你啊！」蘇格拉底轉身，他們互相擁抱，其他人也一一走進門。

馬克斯立刻重重坐到椅子上，伸直雙腿。西蒙走向蘇格拉底和艾瑞絲，在她的袋子裡找火柴。艾瑞絲打開窗戶之後，兩人點了一根煙，西蒙抽幾口，艾瑞絲抽幾口。「我幫你帶來了。」西蒙遞給艾瑞絲一小本書。「愛的政治，」艾瑞絲念著書名。「看一下這本書。」西蒙說，吐出一口煙，「這是最初的草稿。」艾瑞絲開始趣味盎然地翻閱。

伊曼紐把紙張和咖啡杯分放到位子上，請大家走到桌邊。賓客相偕入座，互相握手致意，從袋子抽出筆來，直到伊曼紐隆重地站到桌子一端。他已經吸一口氣準備致歡迎詞，這時有個瘦削高眺的人影閃進門來，他的眼睛緊張地尋找空位。「歡迎，索倫，」伊曼紐作勢彎身致意，但是索倫幾乎沒有抬眼，快速地喃喃說著：「謝謝，你好。」然後坐在西蒙和馬克斯中間還空著的角落。他的筆記本這時從手中掉落，他快速地拾起，藏在面前那一疊紙張下面。

「歡迎來到柯尼斯堡，參加我們討論愛情的小型座談會！」伊曼紐終於揭開序幕：

「各位接受我的邀情，我感到莫大的喜悅和榮幸。這個房子很久沒有賓客來訪，放在櫥櫃裡的餐具都已經蒙塵。你們的聲音環繞著我真好，隨各位開心，請儘管留下來！也因為今天的主題需要我們花些時間。你們都是這個題材的行家，涉及愛情的許多問題對我卻是新鮮事，如果我一時無法立刻融會貫通，希望你們對我寬容些。愛情是種強大的力量，一旦發生就難以脫身；愛情自做主張地為我們做所有決定，有時聰明，有時不太聰明；愛情應許我們人間天堂，卻經常讓我們承受最大的痛苦，讓我們知道世間再沒有更不幸的事了。有些人認為，愛情是自我認知的核心關鍵，愛的能力使我們生而為人。又有些人側重愛情的危險，愛情如何讓人分心，剝奪我們的時間和自由，使我們的道德敗壞。這種耀眼的感覺到底**是**什麼？或者愛根本不是種感覺？討論已經開始，開釋我吧！」

「你不先對我們說明一下，你這麼長時間都到哪兒去了嗎？你幾輩子沒和我們聯絡了！現在發這邀請函？」馬克斯大聲說。

「好憤慨啊！」穿套裝的男士吃吃笑著。

伊曼紐讓人幾乎無法察覺地把一隻腳前後移動著：「對不起，我……有些事要做。」他眼睛聚焦在桌面上，好似為了保持穩定。「不過，各位請用，自己來，有咖啡。」他匆匆轉向組織事宜之際，跛腳男子遞給旁邊的同伴一張紙：

「你有什麼消息嗎？」紙張上面寫著。

艾瑞絲潦草寫下：「哈囉，奧古斯丁。」

「嗨，艾瑞絲！那麼？」

「？」

「這一切是怎麼回事？」

「去問蘇格拉底。」

「為什麼問蘇格拉底？」

「他應該知道得比較多，伊曼紐常寫信給他。」

奧古斯丁絲毫沒有放鬆：「他起疑了嗎？愛＝病態什麼的？」

「不知道！去問蘇格拉底，我們接下來就會聽到了。」

然後她堅定地把紙抽回來，稍微轉正，好讓他知道這回談話已經結束。伊曼紐這時正說到午餐：「我會在下午一點左右上菜。晚餐相當早，六點就開始，要是你們沒意見。中間我們會暫停休息。蘇格拉底答應我，以他的想法帶領我們展開這次聚會。但是在我把發言權交給他之前，我想簡單為你們彼此介紹一下，因為並非在座各位都有私交。欸，希望你們認識我：伊曼紐，那個康德……」桌邊賓客有幾個笑了出來，模糊地想起他們很久以前曾在這個房子裡舉行的聚會。然後伊曼紐突然沉潛下去，他們徒勞地等待他的邀約，他們在閒談之間美化了從前的歡宴。他們等待了那麼久，直到等待幾乎變成遺忘。**然後**，他們從信箱裡撈出他的信。

他們的記憶和眼前情境交錯之際，伊曼紐接著說：「那麼，就從我身邊這位開始：西蒙．波娃，巴黎的哲學家和作家，尤其知名的是她分析父權體系下的愛，以及提出『真實愛情』（authentische Liebe）的概念。接著介紹來自哥本哈根的索倫．齊克果，哲學家，同時也是作家，不是嗎？可以這麼說吧？」

索倫驚慌地抬頭看了一眼，伊曼紐很快地接著說：「索倫，以他對情欲之愛的批判，以及對愛與永恆的關聯的看法而聞名。索倫旁邊是馬克斯．謝勒，來自慕尼黑的哲學家和社會學家，他主張愛不是簡單的價值評判，而是趨向某種價值的運動。我們一定還會討論這一點。接著我們認識一下奧古斯丁，哲學家和聖人，『**愛汝所愛，行汝所欲**』——這個句子出自他口，希望最終我能更理解這句話。然後是艾瑞絲．梅鐸，牛津哲學家和作家。艾瑞絲認為，愛是特定的一種觀看形式。現在輪到西格蒙德．佛洛伊德，醫師、心理分析家和哲學家，來自維也納。我們從他那裡學到，愛與欲如何彼此依存。

最後是雅典的蘇格拉底，將是第一個發言的人。我親愛的朋友，現在輪到你了。我知道你不喜歡發表演說，但如果你今天能向我們說明你的想法，我們會更加感激。之後我們就進入討論！蘇格拉底，愛情是什麼，你究竟為什麼對這個主題感興趣？」伊曼紐整理好講台，坐到桌子末端，在西蒙的右手邊。

第 *2* 章

愛情和智慧有什麼關係？

Was Liebe mit Weisheit zu tun hat

蘇格拉底說明愛欲、美與追求智慧之間的關聯。

蘇格拉底輕輕來回扭動，搖臀擺頭。他的披巾從肩膀滑落。「愛是個開明的女乞丐，」他這般開場：「她慧黠，飄忽不定……」他沉思地靜默。然後他搖搖頭，解釋說：「我像個愛情專家站在你們面前，根本難以置信，不是嗎？我可是蘇格拉底，蘇格拉底**根本什麼都不知道**！對吧?!」他抬起視線，輕笑著：「相當棘手的情況，而我難辭其咎。我知道，我知道，但就是發生了。我曾多次吹噓知道愛的本質，結果現在我必須發言和回答問題。」他按摩著手心，先是一手，然後換手。他的聽眾似乎有些不安，但是耐著性子，安靜坐在位子上。

「我希望，要是迪奧蒂瑪（Diotima）在這裡就好了……」他終於繼續說下去，從地上收拾起他的披巾。「或者我就忘了演講什麼的，直接向你們述說，我和她對愛的討論究竟談了些什麼，當我還年輕而你們還是學生的時候。」

「這個好！」發自艾瑞絲，但西格蒙德攪著咖啡，就像順口而出地說：「為什麼是迪奧蒂瑪？她根本不存在，她只是你虛構出來的！」

女祭司迪奧蒂瑪是柏拉圖〈會飲篇〉裡的一個角色。柏拉圖是蘇格拉底最知名的學生，在他的老師去世之後撰寫了哲學對話錄，蘇格拉底是其中的主角。在〈會飲篇〉中，蘇格拉底介紹迪奧蒂瑪是他的哲學老師，描述兩人對愛與欲的討論。柏拉圖對話錄當中的大部分角色都以歷史人物為雛形，但迪奧蒂瑪是真實存在或是完全虛構，一直都受到正反雙方的討論。

蘇格拉底又讓披巾滑落，似乎忿忿不平，「虛構？她絕對真實存在！沒有迪奧蒂瑪我絕不會開始哲學思辯——後來的**你們**也不會，坦白說。」他拍了下手，瞬間清醒過來：「一切都從她問我愛情是什麼開始。我結巴地說什麼心動和無眠的夜晚，但是說沒幾句她就打斷我的話，要求我整理思緒。我應該**徹底**思考而非**天馬行空**。幾回失敗的嘗試之後，她協助我跨出一大步。她認為，這麼看吧：愛上些什麼的人畢竟有所欲求，愛卻無所求——沒有這樣的愛，不是嗎？我們甚至可以說，愛就是一種欲求吧？這啟迪了我，直到今日依然啟迪著我。我不知道你們怎麼看……？」

奧古斯丁、西蒙和西格蒙德點點頭，但是其他人卻滿臉疑惑。馬克斯剛吸了口氣要說些什麼，伊曼紐卻搶在他前頭：「我認為這個說法至少非常容易理解。我們就暫時這麼認定，蘇格拉底，我們接受這個說法，那麼會得出什麼樣的結論呢？」

「我也這麼問迪奧蒂瑪，她立刻反問我：我們和我們欲求的對象處在何種關係之中？我嘆息著說，你的問題依舊這麼**抽象**。哎呀，她生氣地喊著，自己回答了問題：我們只會對我們認為自己還未擁有的東西產生欲求。要是你已經和贊西佩結婚，你也確實意識到這段婚姻，那麼你就不會再想著要和贊西佩結婚。要是……」蘇格拉底環顧室內，尋找其他例子，「要是索倫知道他已經擁有某一本書，他就不再欲求這本書。當然他可以想要這本書的新版本，或者他希望永遠不會失去這本書，但是他的欲求不會只是**這本**書**現在**應該屬於他。」

索倫睜大雙眼。

「因此迪奧蒂瑪的論點是：為了欲求些什麼，我們有所**欠缺**雖是必要條件，但這還不足以當作解釋。」蘇格拉底彎起一條腿。「因為有許多東西，我們不擁有卻也不想要它們。好比說，我沒有任何紅鞋子，但是對我而言無關緊要，我感受不到對這樣一雙鞋的欲求。欲求的對象是我們眼下尚未擁有，而且這種欠缺讓我們感到**不滿**，少了它就覺得有所不足、不完整。那麼，什麼會讓我們滿足和完整？我們還能更進一步討論嗎？」他輕鬆地敞開雙臂，自行回答：「我們可以，但是我必須再多回顧一段。迪奧蒂瑪其實曾經和詩人阿里斯托芬（Aristophanes）爭執過一個問題。我們坐在一起，詩人剛對我們說完他所寫的故事後半段，你們知道，就是我們人類原本長得像顆圓球，宙斯為了懲罰人類的高傲，將人分成兩個半球，然後撒到世界各地的那個故事。

阿里斯托芬是西元前五世紀到四世紀初的知名希臘喜劇詩人，他同樣出現在柏拉圖的〈會飲篇〉當中，他在其中談論愛，說起被分開的球體這個神話，他們正尋找自己的另一半。但是這個神話並不能算在歷史上的阿里斯托芬頭上，而是出自柏拉圖筆下：他把這個故事塞進阿里斯托芬嘴裡，好讓他被迪奧蒂瑪反駁。

根據阿里斯托芬的說法，我們帶著身上的傷，變得脆弱而不安，只渴望一件事：和迷失的另一半重新合而為一。要是我們有幸和另一半重逢，這樣的喜悅難以估量。雖然我們再也不能以從前的方式合而為一，但我們擁抱對方，再也不想放開對方，宙斯最終想出一個緊急解決方式。當時祂感到一陣憐憫，於是讓我們殘缺的身體至少能有片刻連結，這短暫的交錯帶來稍微的緩解，一瞬間我們自覺完整，被治癒。阿里斯托芬認為愛就像對另一半的欲求，表現成追求重新合而為一。」

「就直說是性交嘛。」西格蒙德建議。

「好吧，性慾。所以，在阿里斯托芬看來，愛是理解人類的核心要素：對另一半的欲求主宰我們一切作為與無所作為。當然嘍，因為我們除了和另一半結合，沒有其他方式能讓我們完整，能治癒我們。**所有**欲求都是渴求失去的另一半。

說得通俗一點，他認為當我們奪回我們確實曾經擁有後來卻失去的東西，才會滿足和完整。他的故事說的是我們的另一半，但因為這只是個故事，他的意思當然並非全然是字面上的。我們期望些什麼就像渴求我們的另一半——能重建原始一體狀態的一些什麼，不管確切看起來會是什麼樣子。」

「這就是了！」西格蒙德喊著。「和母親合而為一……原始經歷。」

「嗯，我可不確定。」蘇格拉底猶豫，「迪奧蒂瑪反正有不同看法，她首先仔細傾聽阿里斯托芬的故事，她一直都這樣，然後反駁對方的說法：如果另一半沒有價值，甚至對你有害，你還會企求你失去的另一半回歸嗎？難道你不會反倒因擺脫對方而高興？阿里斯托芬躊躇地點頭，迪奧蒂瑪繼續滔滔不絕：同樣道理豈不適用於我們任何部分？——只有當它們既不是毫無價值也不是無害，而是對我們**有益**的時候，我們才想要得回或保有那些部分。請想像一下，你的手嚴重發炎，只有截肢才能防止你敗血症。你可能同意接受手術，雖然在手術之後，你很想再有一隻手，卻不想要原先發炎的那一隻，而是一隻新的、你可以使用的一隻手，因而對你有益的手。對上述的另一半也是同樣道理。我們樂得完整無缺，但是只在完好無缺帶給我們益處的時候。或者換句話說：如果不能引我們趨向好處，就不是**真正的**完整無缺，否則我們依舊覺得缺少什麼，欲求將不會被止息。

我完全信服迪奧蒂瑪的論點：當我們相信對我們有益，才會想要得回失去的部分。若非如此，我們會渴求新的、好的東西。因此我們是否曾經擁有某個東西，和欲求畢竟毫不相關，是否對我們有益才是重點。當然必須適合我們——但所謂適合是我們**應該**擁有它，**理想上**我們該擁有它。總結而言，欲求的客體是我們以為我們尚未擁有，此外我們認定為好的東西，對我們有益的東西。」

「那什麼對我們有益？」艾瑞絲問道。

「女士先生們：智慧，這就是答案。但是未經研究的答案不具多少意義，也沒有人在意。你們為何應該相信我？可惜研究需要經年累月。」蘇格拉底回答道。

「我們有時間！」伊曼紐表示，每個人都點頭。

艾瑞絲眨眨眼：「我們向你學的，蘇格拉底，把你的話當回事。看看我們，時間是我們的朋友。」

蘇格拉底轉身，「呼，迪奧蒂瑪這會兒真該親自現身。」他說這話像自言自語。然後他收拾心緒，他的表情變得專心一致：「讓我們先認定這是個重要的問題，因為我們認為好的一切並非就是好的，更別提只因我們認定是好的。我們可能自我欺騙，甚至是在**對我們有益**這方面。現在——何謂智慧？知的狀態，但不是隨意的某種『知』。智慧意味著對世界的究極原則了然於心，知道何以如是，如何至此，才可說理解。要是循著一連串的『為何』問題直到終點，末了就能掌握最終的因，所有一切都能回歸到這個因。我也稱這最後的因或說究極原則為「理型」（Idee/Idea），理型永恆且維持不變。如理型不是永恆且維持不變，就不會是**究極**原則。我的……迪奧蒂瑪的論點是，唯有我們的心靈理解理型，才對心靈有益。」

「我們的心靈？你指的是什麼？」西蒙詢問。

「我指的是我們想法、感受、欲求及精神活動所在。我們自身，也可以這麼說。理型令心靈**真正**成為心靈，只要心靈理解理型。然後心靈得以進行心靈要做的事情：思考，用『內在眼睛』觀看，但是也引導自身，獨立自主等等。」

「心靈沒有理型不也能這麼做？」西蒙繼續深究：「沒有理型或許不能**正確**思考，看得不**正確**，不能將自身引導往**好的**方向。但是錯誤思考和觀察依然是思考和觀察，可悲的自決依舊是自決。」

「確實，我應該更精準表達我的看法，我的意思是：所有思考、感受、觀察、自決的人，都想要**正確**思考、感受、觀察和自決。沒有人想犯錯，沒有人**自**

顧犯錯，不是嗎？」

奧古斯丁舉手，但蘇格拉底匆促地繼續說：「每個人都致力追求真相，畢竟都想做得好。如果只有運用理型才行得通，那麼如果心靈沒有理型，不管怎麼努力只會一直挫敗，心靈只是自身的悲傷陰影，無法開花綻放。」

「心靈無法展翅高飛——你曾經在另一個場合這樣表達，我一直都覺得這是個適當的描繪。」艾瑞絲加以補充。

「對，這個描述更貼切。如果我們想像心靈擁有翅膀，沒有理型，心靈就像雙翅再也無法鼓動的鳥兒。再也無法飛翔的鳥雖然還是隻鳥，但牠缺乏基本核心以發揮牠的根本要素，不能擁有幸福的飛鳥生活。一旦遠離理型，無法理解理型，心靈亦將如是；但是**藉助**理型，心靈能展開雙翼，自主走上心靈的道路。心靈甚至在某種程度上和理型相似：心靈安住自身之中，在核心之中維持不變。因此智慧是我們心靈所需一切。因為我們和心靈同一，我們的身體依附著我們，就像塊木頭綁在腿上，智慧是**我們**所需的一切。」

西格蒙德大聲清了清嗓子，在記事本裡寫了些什麼。

蘇格拉底串起他的論點：「回到主題。這對我們現在分析欲求的意義何在？我再重複一次：我們的欲求乃是針對我們自認欠缺，但是對我們有益的東西。然後我們又說，唯有智慧才真正對我們有益。現在我們可做出結論，至少每個**正確**的欲求都是智慧有所欠缺的表現，而且都是為了追求智慧。」

「也有錯誤的欲求嗎？」馬克斯皺起眉頭提問。

「當然，因為人會自欺，以為自己擁有什麼，或誤以為什麼對自己有益。雖然，當人弄錯自己擁有什麼——好比堅信沒有一雙紅鞋，就因為忘記自己把這樣一雙鞋塞在櫃子最下方的抽屜裡——那麼就某個意義層面而言的確少了一雙紅鞋，因為這樣就無法使用這雙鞋，不管怎麼穿或者何時想穿。沒有紅鞋的印象可說自證為真。即使如此，涉及善惡時如果弄錯，就會欲求智慧以外的東西，好比權力、名聲或金錢或是這一類的。就算擁有這些錯誤的東西，人當然依舊不滿足，依然遠離智慧。這些東西對我們並非真的有益，無法令我們滿足，欲求繼續飢餓地咕嚕叫，將我們推向任何可能的方向，直到終於朝向智慧為止。或者你怎麼看？你有不同的想法？」

「這不斷的反覆詰問實在煩人……」馬克斯喃喃地說，「而且說到底，這一切和**愛**有什麼關係？」他困惑地搖搖頭。

蘇格拉底特有的提問技巧相當有名，藉著這個技巧，他讓談話對象批判地檢視自己的信念，懷疑地放下這些信念，最後有所認知。這個技巧被稱為 **Mäeutik**，也就是助產術，蘇格拉底自視為談話對象精神子嗣的助產士。這個技術和他對愛的理論也相關，我們在下文還會讀到。

「馬上，我現在就回到愛這個主題！」蘇格拉底急忙說：「你們還記得：我們剛才說愛是種欲求。就和所有的欲求一樣，愛同樣朝向智慧。等等，等等！」

他伸出雙手，房間裡正響起一片懷疑的低語。

「你們現在當然想著：戀愛的人欲求許多東西，但可不包括智慧！我們畢竟對**另一個人**感覺到愛——而且是我們非得不停想著對方，非要在對方身邊，關照對方，我們想為對方做任何事情的時候。乍看之下這一切跟追求智慧一點關係都沒有。我得說你們沒錯，迪奧蒂瑪第一次對我闡述她對愛與智慧的看法時，我就和你們現在一樣驚訝。

但是她讓我冷靜下來：確實——她解釋——愛是特別執著另一個人，我們覺得對方很美，愛感覺起來灼熱又甜美，正如我們眾人周知。但是這種感覺背後藏著對智慧的欲求。對方的美讓我們趨向智慧的時候，可說我們就愛上某人。是的，我們愛上美，而且因為美**啟發**我們。美讓我們變得有創意，不僅身體上，而是特別在精神上。某種程度而言，美就像助產士，協助我們產下內在的精神子嗣。美就這樣協助我們踏上通往智慧的道路，現在我們必須進一步探索，然後我們也就了解為何愛是上天的贈禮。你們準備好進行下一步了嗎？」蘇格拉底這時激動地問，他的聽眾們充滿期待地點頭。

他把雙手交叉在背後，伸展一下，然後繼續說：「那麼，為何美對我們具備這獨特的作用？美顯然不一定指良好的外觀，只從心靈也能是美麗的就看得出來。但是漂亮的軀體也不僅是好看的身體。我想，某些東西以特殊方式觸動我們的時候，我們會說這東西『美』，而且是因為這美的事物讓我們**想起**什麼：也就是讓我們想到我們之前談到的理型。」

「什麼?!」馬克斯又插嘴大喊。

西格蒙德緊跟在後：「但是你剛才說我們**不認識**理型啊？我們想理解理型，這對你的論點很重要。但是我們只能記得已經看過、聽過或透過其他方式學過的東西。現在怎麼說？」

「讓我繼續說下去。沒錯，我們只能記得我們其實已經知道但後來遺忘的東西。只要它被遺忘，就處在一種奇特的漂浮狀態——知道，但並非**有意識地**知道，因此也不能直接呼喚出來。記憶是個過程，不在我們直接控制之下，而且經常需時良久。」

「沒錯！」奧古斯丁介入，「從有個模糊印象『我知道這個』開始，突如其來的迷惘，依然不確定究竟是怎麼一回事。每個人都從日常情況知道這種初次重新記起的感覺，譬如看到過去熟人的照片，卻不能立即歸類，不能立即想到對方的名字，只知道這個人似曾相識，努力集中精神，直到終於想到對方的名字為止。在這之前，這種不安就像搔癢刺激一樣。」

「然後失敗。雖然努力積極想起，但在最後一步卻失落，被動地……」索倫突然從他的角落細聲細氣地說。

「的確，」蘇格拉底說，「而且這也是我們為何把戀愛想像成『陷落』，就像經歷了些什麼，卻不能掌握。如所說的：當我們看到對方而記起永恆的理型，就是愛上另一個人。請想像這一刻：某人讓我們想起所有事物的根源，想到世間萬物的解釋。當然只是模糊的記憶，我們並不真的知道我們想起什麼，只是一種感覺襲來，而且覺得找回這個記憶非常重要。因為這些理型也讓我們略微瞥見我們自身究竟是什麼：我們想起理型，這種狀態指出我們是心靈，是種本質，我們的健全並不取決於世俗之物，好比金錢和權力等等，而是取決於智慧，就在掌握這些理型的時候！看到戀人，我們於是也模糊地憶起自我，於是激發出愛情。愛是種渴望，想藉著戀人對記憶追根究柢，將理型從我們心靈幽暗處召喚出來。我們無論如何都想待在戀人身邊，好讓這個記憶常保如新，如果這般撼動我們的是對方的心靈之美，那麼我們就想持續與之對話，好持續停留在這美的光芒之中。」

「呼，這一切相當……形而上，」西蒙下了註解，接著提出一個問題：「要是記憶過程結束會怎樣？那麼戀人對我們就不再有用，愛也就成為過去？」

「這個嘛——是的，」蘇格拉底回答：「這個記憶過程當然持續一陣子，大部分保持未完成狀態，至少在生命終止之前。情人不會那麼快就對戀愛中人失去價值。」

馬克斯嗤之以鼻：「這根本不是愛！」

但是蘇格拉底繼續說：「我們再次確認一下：正如所有欲求，愛畢竟趨向理解理型，和其他欲求不同之處僅在於選擇哪種手段以達到目的。愛的手段就是一個人，我們的雙眼因為對方的美而張開——這個人讓我們想到理型。那麼，你們這時可能早就想問，這個理型為什麼早已在我們心中。」

「拜託喔……」西格蒙德和西蒙彼此對看了一眼。

「我會迂迴地處理這個論點。」蘇格拉底說明，「請想像一下，為了產生欲求需要某種經驗和記憶，因為想確實欲求些什麼，必須已經**意識到**有所欠缺。要是我們根本不知道缺少什麼，我們對欠缺雖然有種悶悶的不自在感，察覺到一再浮現的不滿，但是我們無法將欲求投射到特定客體上。

要是這個客體正是智慧，則是種奇特的狀態，也就是說，意識到自己不知道這些理型。因為，不是要已經知道些什麼，才曉得**不知道**什麼嗎？以我們的主題而言就是理型。為了要能宣稱『我不知道這或那』，我必須先能正確辨明和稱謂某物，那麼畢竟是知道！」

「哎唷，你那套似是而非又來了！」馬克斯幾乎從椅子跌落。但是索倫煩躁起來，朝馬克斯發出「噓！」的聲音。

蘇格拉底笑了，「沒錯，的確隱含其中，這似是而非，這謬論，可不願放過我！我有時想：這是哪門子廢話，明明有簡單的解答。但是接著又想到：不，這後面藏著更深刻的問題。」他搔著頭，「提醒大家，其中涉及學習的謬論，充滿自信的年輕美諾（Menon）曾以此和我辯論。辯論從一個論點展開，亦即人不能學習已經知道的事物。下一個前提是還**不知道**的事物，也不能經由學習而得。因為，為了學習，以及接著辨識出已經習得什麼的那個片刻，學習客體必須是已經知道之事。人也許知道或不知道某事，由此做出結論，學習是不可能之事。之所以顯得荒謬乃是因為我們似乎不斷而且到處學習！

學習謬論是柏拉圖〈美諾篇〉裡常被討論的課題，顯示出學習的可能性根本不容易解釋。在柏拉圖的《對話錄》當中，蘇格拉底以此謬論為契機，介紹他所謂的「**回憶說**」（*Anamnesis*-Theorie）——不死的靈魂在出生前早已經認識理型，但後來忘記了，而任何學習其實都只是再度憶起這些理型。

這和我們的討論有何相干？認真看待這個謬論的人也不容易解釋，何以人能知道自己不知道的事物。因為第二個前提是，必須已經知道某個事實，才能將之認定為可能是『未知』。」

「但是你一直宣稱你不知道些什麼，蘇格拉底，不管和你討論什麼……」

「從一開始的關鍵就在此，馬克斯！」索倫衝口而出：「蘇格拉底是個愛情專家，正**因為**他什麼都不了解。**因為**他知道他什麼都不知道，聽起來也像個謬論，一個隱含深刻真相的謬論……」

蘇格拉底熱切地點著頭：「正是如此，沒錯，謝謝索倫！我相信這個謬論有個解方，了解嗎，馬克斯？於是我可以毫無矛盾地宣稱，我不知道某些事物，好比何謂理型。解方就是——現在要來了——我們在出生前就已經知道理型，只是之後卻遺忘了。如果我們依稀記得理型，好比在我們陷入愛戀之際，那麼我們就處在一個特殊狀態，我們在其中可將理型認定為未知，它們在我們眼前徘徊，我們可以指著某個理型說『那邊那個』，同時它們卻消失無蹤，被黑暗包圍，直到我們完全記起為止。這不只是欲求的先決條件，也是學習的先決條件。

我常自我介紹是愛情專家，如今聽起來或許也不是那麼離譜。雖然我同時宣稱我什麼都不了解，兩者其實相互關連，索倫一點都沒錯。其實所有戀愛的人都正好處在相同的情況：戀愛的人有個共通點，他們想了解理型——他們渴求智慧。他們因此尚未理解任何事物，至少不識維繫一切的世界最終原則。但是戀愛的人同時卻知道什麼是愛，而且是因為，陷入愛戀不僅是意識到自己對世界的根本無知，同時還帶著充分的**自我**認知。正如我試著解釋的，戀愛的人意識到自己的狀態，以及他和欲求對象的關係。愛是種自我意識的狀態。所以戀愛的人同時也是愛情專家，我根本不是唯一的一個！」

「你愛的是誰呢，蘇格拉底？」奧古斯丁突然發問。除了索倫，其他的人都笑了。

「噢，我該從哪裡開始說呢？」蘇格拉底回答：「我不斷戀愛。」

「說嘛。柏拉圖？」奧古斯丁追問。

「柏拉圖……的確，我愛柏拉圖，誰不愛柏拉圖。」蘇格拉底表示，並且把頭歪向一側。

「迪奧蒂瑪！絕對沒錯！」發自艾瑞絲。

「那麼你的妻子贊西佩和孩子呢？」西蒙問他。

「阿爾西比亞德斯（Alkibiades）！」索倫這時激動地大聲說。

「沒錯！」其他人跟著喊。

阿爾西比亞德斯是西元前五世紀一個聲名狼藉的雅典政治人物，和蘇格拉底交好。在柏拉圖的〈會飲篇〉當中，他醉醺醺地登場，對著蘇格拉底熱情洋溢地演說，對他告白自己的愛，在聚集的眾人之前抱怨蘇格拉底離去。蘇格拉底的反應冷淡，拒人千里。

聲音越來越大，蘇格拉底不太知道自己該說什麼。這時伊曼紐站起身來要求大家安靜。

「朋友們，回歸哲學，」他請求著。「蘇格拉底，根據你的……呃，迪奧蒂瑪的論點，戀愛的人明白他們不知道終極核心，也就是真正關鍵。為了精確表達：他們知道他們不理解理型。是否可反向推論，所有知道自己不理解理型的人即是戀愛的人？如果是，除了美好的人之外根本沒有其他通往智慧的道路，愛就等同欲求，至少是**正確的**欲求。」

「這個嘛……」蘇格拉底思考了一會兒，「我想是的。如果我們需要一次回憶經歷，好意識到我們不理解理型，卻無論如何想要理解──甚至**勢必**要理解，如果依舊唯有美能喚醒我們的內在記憶，以及最終人類是美的唯一載體──那麼我們就必須陷入愛戀，以便意識到我們有所欠缺。」

「人類**是**美的唯一載體嗎？」伊曼紐接著問：「你至今都沒說過相關的話。」

「的確，我省略了這一段。根據我的感受，美好的確實總是人，尤其是人的心靈。但是心靈的產物也是美：數學證明、學術理論、音樂，人類的所有作為都可以是美好的，能讓我想起理型。沒有生命的大自然，植物和其他動物不具備這種能力。為了不讓你們指責我，說我將個人經驗過分普遍化，我為你們提出下列解釋。就特定觀點，人類心靈比其他自然部分更接近理型。雖然忘記了理型，但並非全然遺忘，亦非自始至終，而是以一種容許重新記起的形式被遺忘。和理型的這種內在親近通常可從人身上觀察到，尤其當他們剛好再度受到理型的微光籠罩。換句話說：當人正處於重拾理型記憶的過程之中就顯得特別美，而且越貼近理型就越美。因為你們知道：理解理型的人，和理型非常相似。此外這也意味著，他們在此狀態下的目光和舉止也激起他人重拾記憶，因此觸發真正的愛以及被愛！愛戀者看著對方時被理型的微光籠罩，瞬間變得特別美，使得被愛的對象也愛上自己。他們四目相望，尤其在哲學對話中體驗他們的愛，他們想一起了解世界的起源。」

「那我們不就該都愛上同一個人？都愛上美好的人，他們剛好受到理型的微光籠罩？接著引發連鎖反應，直到我們每個人都愛上彼此！」奧古斯丁提出他的想法。

「就像所有愛戀者的共同體？」蘇格拉底似乎喜歡這個想像。「理論上有可能，但我們首先當然必須非常接近一個人，好看出他心靈的美好，不過通常我們之中只有少數人能把距離拉得這麼近。」

「說說看，戀愛的人也能無言地『交談』嗎？好比用眼神、擁抱，透過性愛？」艾瑞絲提出問題，「戀愛的人在許多層面交流，藉著碰觸和姿勢等等，不只透過傳統的談話形式！」

「要是也能無言地談論理型，那麼是的。」蘇格拉底回答。

艾瑞絲點頭，伊曼紐做筆記。一時之間，室內鴉雀無聲。然後西蒙發聲：

「那麼就你的看法，沒有得到回應的愛就不是真愛……哼，你迴避了不幸這個問題，蘇格拉底。但是我還有其他問題。你不是個誘惑藝術家嗎？你的專長不就是這個?!你只對我們說了一部分的故事——你像個戀人般現身，無辜又脆弱，但你其實經常讓別人發狂，讓別人愛上你。俊美的阿爾西比亞德斯完全失去理智，大家應該防備你！」

「西蒙……說到不幸，」蘇格拉底思索地垂下目光，「也許你說得沒錯，但是在座還有其他來賓比我更了解不幸。至於你的第二個問題：哎呀，這和前面所說的有直接關連。我剛才宣稱，真愛會得到回應，因此我不僅是愛戀的人，如果你非要這麼說，我也是個誘惑者，雖然我從不曾出於邪惡的意圖，我自己的愛也真切。如果我說的沒錯，我因此讓我的愛人獲得最大的喜悅，因為我讓對方憶起理型，為他們打開通往幸福的大門！」

「我早就知道你會這麼說，」西蒙無動於衷地回應：「但是我不確定，在所有這些情況當中，你的愛確實那麼真切。你曾愛過阿爾西比亞德斯嗎？」

蘇格拉底的臉頰稍顯蒼白，「此時此刻我不想談論阿爾西比亞德斯。」他輕聲地說。

空間裡的沉寂維持了漫長的時刻。然後，伊曼紐站起身來宣布：

「休息時間到了，大門已經敞開，如果你們想透透氣。在你們離座之前，容我總結最重要的幾點。」

「典型的伊曼紐。」西格蒙德的眼睛咕溜轉了一圈。

伊曼紐不受干擾：「要是我有所誤解，請糾正我。蘇格拉底——**迪奧蒂瑪**認為，愛是欲求另一個人，對方有助於自己走上通往智慧的道路。因為任何欲求終究是對我們有益之物的欲求，也就是追求幸福，而我們的幸福在於智慧。有智慧意味著理解世界的究極原則——解釋了何以一切如是，他……或者她稱之為理型。但這並不意味著我們會愛上特別有教養的人，毋寧說我們愛上我們個人覺得美的人，因為美讓我們想到這個理型。也就是說，理型不必狹義地被教導給我們——甚至根本行不通。其實在我們誕生之前，我們就已經知道理型，阿里斯托芬的思想換個形式突然再度浮現：我們欲求的是我們曾經擁有的，我們雖然忘記理型，但是可以從內在重新召喚出來，只要有人給我們助力。戀人在場時，尤其是和戀人進行哲學對話時，我們保持記憶如新，逐步理解世界。愛戀者**知道**自己認不得理型，身為愛戀者也知道自己是愛戀者，亦即知道自己的狀態。身為愛戀者，蘇格拉底因此可以說他知道愛是什麼，也可以說他畢竟什麼也不知道，至少不知道**值得**知道的事物，亦即解釋世界的事物。起初聽起來充滿矛盾，根據以上說明其實一點都不矛盾。但是反過來，同樣合理的是，所有知道自己不理解理型的人即是戀愛的人。於是在不知與愛之間形成美好的迴旋曲，因此所有戀愛的人都是正在哲思的人，所有哲思者也是戀愛的人。」他看起來有點超過負荷，「呼呼！」地發出聲音，從齒間輕吹哨，定定地望著前方，有如他能看到飄浮在眼前的思想建築。然後他把自己的紙張直直放在面前桌子上，鉛筆就放在正中間，接著站起身來。蘇格拉底再度圍上他的披巾，腳步輕盈地離開講台。

「還有一點：誰想在休息時間之後發表第一個評論？我想西格蒙德……」伊曼紐走向門口的路上想起。

「**我**來！」馬克斯堅定地說，大剌剌地站起身來，就像坐下的時候一樣。西格蒙德說了句「隨便你」之類的，但馬克斯沒有回應，逕自離開房間。

「他究竟怎麼回事？」奧古斯丁猜測著，但在大家推椅子的聲響中，他的問題沉了下去。伊曼紐走進廚房好看看午餐準備得如何。

第 *3* 章

愛人之無可取代

Die Unersetzbarkeit des Geliebten

馬克斯・謝勒倡言愛人之不可取代，與會哲學家展開討論。

所愛之人無可取代

「蘇格拉底，根據你的看法，愛人對愛戀者而言只是達到特定目標的手段，通往智慧道路的輔助，除此無他。這樣的一個愛人完全可以被取代！因為就我對手段的認知，我想它本身並沒有什麼價值，只在於達到目標，之後就沒有用了。因此我能輕易地用任何東西來替換，只要它差不多有效地達到目標；要是能找到一個比較好的手段，我只會更開心。」

馬克斯說話又響亮又快速。這時他稍緩一口氣，然後大聲說：「但愛戀者絕不會替換所愛之人！不會以這樣的方式。面對的是自己所愛，還是和愛人相似的人，對他而言並非**毫無差別**。他也不會認真考慮是否會有比較好的人選。要是他真這麼想，那麼他並不真心愛戀，因為真心愛戀者認為愛人**無可取代**。」

他抹了一下嘴巴，從杯子喝了一口水，伊曼紐遞給他的。

「只要想想慈愛的雙親：他們永遠不會把自己的孩子換成相似的，或者似乎『比較好』的孩子。要真有這種事，我們可會嚇壞了。你們想像一下，雙親交出孩子，因為他們能擁有比較漂亮或聰明的孩子，或者能夠徹夜沉睡的孩子！我們會合理地懷疑他們的愛。同樣道理也適用於蘇格拉底剛談到的情欲之愛，或是深刻友誼、手足之情等等。任何愛戀者都有個共通點，他們不會根據比較性的價值判斷就替換他們所愛。」

「我並非只談**一種**愛，」蘇格拉底禮貌地反駁，「付出愛的雙親也因為孩子們想到理型，朋友之間也是如此。我認為根本沒有不同類型的愛，愛就是愛。或者換句話說：每種愛都是種情欲……」

「不管怎麼說，」馬克斯不耐煩的回嘴：「我的重點在於你無法解釋被愛者的無可取代，更有甚者，根據你的理論，愛戀者原則上應該願意將他們所愛替換成讓他們以相同方式憶起理型的任何人。要是迪奧蒂瑪就像……哎，我現在能想到誰呢——好吧，就說和美麗的海倫①一樣漂亮，那麼對你而言，不管是和迪奧

①譯註：美女海倫即特洛伊戰爭的爭奪焦點，原為斯巴達國王之妻，卻和下文提及的特洛伊王子帕里斯私奔，因而引發戰爭。

蒂瑪或是海倫戀愛都一樣。但是我們假設你愛的是迪奧蒂瑪，那麼以上說法就是個無稽的想像！不是嗎？」

「嗯……」蘇格拉底低吟著，把頭來回擺動。「我必須思考一下，馬克斯。不過這是重要的一點。」

「你確定嗎？」西格蒙德嘲諷地問他。「有那麼重要嗎？我不知道……如果馬克斯說得合理，那麼可能根本沒有所謂的『真愛』。」

索倫目瞪口呆地看著西格蒙德。伊曼紐介入：「等等，西格蒙德，讓我們再仔細問問馬克斯，我還沒完全明白，他所謂的無可替代是什麼意思。」

馬克斯挑釁地昂起頭：「你想知道什麼，伊曼紐？」

「首先我們要澄清一些事：你說愛人對愛戀者乃是無可取代，那麼你的意思並非我們只能愛一個人，不是嗎？你探討的不是排他性……」

「噢不，完全不是！人當然可以同時愛好幾個人，以好幾個孩子的雙親來看就很清楚。許多人也有好幾個朋友。人也可以同時浪漫地愛上好幾個人。在上述幾種情況當中，相應地有許多人對愛戀者都無可取代：每個可視為被我們所愛的人，他們不會隨意被換成另一個人，更不會被替換成被喜愛程度不相上下的人。」

「究竟**何謂**不會拿他們來交換？」

「我來說個小故事。想像一下你們有個小孩，有一天這個孩子被誘拐了，你們在信箱裡發現綁匪的信：他們不打算歸還這個孩子，取而代之地，他們給你們另一個孩子，放在搖籃裡，這個孩子看起來和你們的孩子驚人地相似。這兩個孩子幾乎難以分辨。即使如此，你們或許還是因為失去孩子的痛苦而發狂，也許你們隨著時間開始喜愛這個新的孩子，但是對新孩子的愛無法彌補失去孩子的損失，就像如果第一個孩子死去，即使生了第二個孩子還是填補不了缺憾。在某些情況下，第二個孩子讓人比較容易處理痛苦，但是和重回原狀仍有所不同。要是我們失去幾張鈔票，同等價值的幾張新鈔就能彌補一切，我們和失去紙鈔之前一樣沒有損失。失去一個孩子卻無法彌補……只能學著與損失共存。不僅是孩子，失去其他被我們所愛的人也一樣。失去他們無法以任何方式加以彌補，沒有替代物，因此所愛的人逝去也同樣使我們頓失所依。當我們從報紙上讀到完全不認識的某人死去的消息，我們雖然有所感觸，暫時放下手邊的事，但是我們不必費力地學習重新開始生活。」

「但是我們經常離開愛人……」

「當然！」馬克斯似乎不為所動：「我不是說戀愛中人永遠不會離開情人，好比雙方無法共同經營日常生活等等。但是首先『離開』有多重意義，並非每種離去都是損失。第二，即使愛戀者必須做出使得他失去愛人的決定，也並非一定和他的愛有所牴觸。請想像一下，我們必須要不永遠和愛人分開，要不一個有著上千居民的小島就會被海洋吞噬，在這種情況下接受失去愛人比較符合道德，做出此一決定的愛戀者並未因此就失格，只意味著他們背負起分離的痛苦，完全明白愛人無可取代。因此其中的精髓在於，將愛人視為無可取代是愛的一部分。愛戀者因此不會將愛人與在某方面相似的人等而視之。將愛視為某種利害權衡的理論，卻意味著反向為真，因此這個理論一定有錯誤。愛不是利害權衡，愛人不是達到目標的手段。句點，結束。」

> 就像其他學者，哲學家也常運用所謂的「思想實驗」，以測試我們對各種研究客體的直覺：想像特定的情況，有時甚至是完全非現實的情況，然後檢視自己的反應。端視哲學家代表哪種理論，以及他們覺得這些實驗有多適當，哲學家運用得出的結論以支持或反駁某個理論。

「其實你的批評擊中好幾個理論，」伊曼紐表示，「假設帕里斯因為海倫的美貌而愛上她，他重視海倫的美貌，但並非當作求智慧的手段，而是為了她本身，完全沒有設定其他目標，那麼還是無法解釋，失去海倫為何重重打擊他，要是他能擁有同樣美麗的……呃……迪奧蒂瑪。換句話說：認為愛只是對愛人特質的價值判斷（或者至少僅以此為根據）的理論，似乎都不能處理愛人無法取代的問題。」

馬克斯從椅子上半彈起身來：「正是如此！愛不僅不是利害權衡，普遍而言更非對愛人的特質評判。我想到的可能評判——愛人漂亮或風趣或是其他什麼的——都會引出無可取代的問題。轉而藉助獨一無二的特質也不能讓我們的討論推進：人只具備少數真正獨一無二的特質，其中可能包括他們特有的時空條件，或者某人偶然喝湯的方式非常特殊，但這些特質並不適合用來解釋愛，因為它們並不具特別價值。為何我應該愛某人，就因為對方在某個時間點在正確的地方，或者因為對方喝湯的方式舉世無雙？不，出於這些理由，愛一定不像蘇格拉底對我們所開示的那樣。」

「蘇格拉底所指的愛也不是這類價值判斷……」艾瑞絲提出看法，卻被打斷：「那麼愛是什麼呢？」西蒙提問：「愛也無法完全和愛人的特質劃清界線，只要想想羅密歐和茱麗葉就好，他們的愛一定和他們彼此覺得對方很辣有關！羅密歐有著如此美好的雙臂和夢幻的雙眼，茱麗葉的嘴唇如此柔軟，她的動作流暢如水。愛戀者不在意情人的特質，這種想法畢竟怪異。雖然我本身沒有孩子，我覺得這一點也適用於雙親之愛，雙親覺得他們的孩子無比美妙，最愛聽孩子們的笑聲。這似乎是愛很重要的一部分。」

「我不會反駁這個說法！」馬克斯急切地點頭，「愛確實和愛人的特質緊密相關。沒錯，愛讓情人顯現面貌——讓至今被遮蔽的、尚未開展以及依舊沉睡的得以被看見。愛……愛是種運動！」馬克斯的手臂在空中揮舞，「一種朝向愛人內在更高價值的運動。」

西蒙看起來有所懷疑：「可以說得更清楚一些嗎？」

「什麼更清楚?!」

「你說的『運動』是什麼?像你手臂一樣的動作嗎?應該不是。你說的一定是某種精神運動。但那**是**什麼?愛人珍貴的特質在其中又扮演何種角色?最後：為何這個論點能解釋愛人不可被替代？」

馬克斯氣急敗壞地說：「我怎麼會有其他說法?精神運動就是……」他思索

著該怎麼說。

> 在他的著作《同情的本質與形式》以及《倫理學中的形式主義與實質的價值倫理學》當中，馬克斯．謝勒認為愛是趨向愛人內在更高價值的運動，而愛適才凸顯此一價值。他所說的「運動」（Bewegung）指的究竟是什麼，各方的探討呈現兩極，尤其因為根據他的看法，此「運動」早於對各種價值的感知。因此並非愛戀者先從愛人身上察覺此一尚未實現的價值，然後精神上嚮往之，而是反過來：先有運動才有感知，愛是初階。

艾瑞絲挺身相助：「就像注意力被引向某些事物？」

「但是更高的價值透過愛才被顯現出來，」馬克斯的聲音緊繃，「我已經陷於愛戀，才能把注意力轉移到那上面……」

大家都有些摸不著頭緒，沉默了一下，直到艾瑞絲再度嘗試：「我不確定我們該如何仔細想像你設想的運動，馬克斯。但是，愛情和視角改變相關，我覺得這個想法挺有意思：突然在適合愛人的光線下看見對方，這一點都不簡單，因為我們對大部分人的認知都片面而且扭曲。我們的注意力其實通常被個人喜好所引導，而且只在喜好被激起的那一刻。愛的眼光不受個人喜好的影響——慈愛、沒有預設立場、寬容而且清楚地觀看。

我們思考著愛的時候，愛並未完全和愛人的特質區隔開來。因為愛戀者在愛人身上看到善，或者以馬克斯的用詞遣字來說，朝向善而運動。但是這些特質並未說明其中理由。不是先看到這些特質，做出判斷，進而愛上對方，恰恰相反：因為陷入愛戀，才將視線投向愛人，學著看見愛人，這還說不上是對愛人無可取代性的解釋。但是在這個論點之中，至少沒有同樣的解釋**必要性**：如果愛人的特質不是愛的理由，那麼愛戀者並不承受理性壓力，以接受相似或在上述特質比較好的人在原則上當作可能的替代。」

伊曼紐做筆記，蘇格拉底用手撐著下巴思考，西格蒙德挑起眉毛，奧古斯丁望向窗外，索倫神經質地用筆點著桌子，他們似乎忙著思考艾瑞絲所說的話。馬克斯一手搔頭一手在本子上亂寫些什麼。艾瑞絲看著此刻再度示意的西蒙：「好吧，有可能。但是首先，在這個觀點下，人究竟如何陷入愛戀依舊沒有答案。如果愛人的特質不是理由，那麼原因何在？或者愛根本沒有狹義的**理由**，只有某種肇因？」

「有什麼差……？」伊曼紐說不下去。

「我這裡所謂的理由指的是，由被愛者的視角來看，有些什麼表示愛——讓愛合理化的一些什麼。」西蒙說明。「而肇因能對愛人直接作用，愛人也不必想太多。我們對一些狀態有典型的理由，好比信念。例如，要是我們聽到窗玻璃上傳出淅瀝聲，就產生確信，認定外面正在下雨。以我們的觀點，淅瀝的聲音表示下雨，或者代表我們深信正在下雨。但也有些我們找不出理由的狀況，好比疾病和其他類似情況。並非以我們的觀點看來有些什麼指向流感，所以我們得了流感，而是因為我們的身體必須對抗我們在某處感染的特定病毒。感染病毒只是肇因，而非流感的理由。我說『只是』，因為理由也可能是肇因，卻是獨特的肇因，它們在主體的思考之中作用。這樣夠清楚了嗎？」

愛是否有理性的理由，或是只有肇因，目前這在愛的哲學是個重要問題。如果愛有理性的理由，那麼愛原則上可被判定為真或偽②。如果愛只有肇因，好比生物學肇因，那麼就不受理性批判。根據一些理論，愛的產生乃是基於愛人某些特定珍貴特質，是理性的，以其傳統形式面臨無可取代性的問題。非理性的論點雖然一般避開這些問題，卻有其他問題，例如，如果宣稱愛根本和特定價值評判無關，也令人難以信服。因為如此一來，所有可能的價值評判都必須要能和愛相容，甚至是愛人毫無價值乃至惡劣——這就顯得奇怪了。

②譯註：此處指的是邏輯真偽，而非判定愛意的真假。

「很有幫助，」伊曼紐說：「你說『首先』……」

「噢，對了，第二，」西蒙繼續說：「第二，不一味閃躲無可取代性這個問題，如果真的為這個現象提出建設性的解釋，那麼會很有幫助。馬克斯剛才提到時空條件，愛人出現在何時與何處和愛相關，他認為這個論點實在怪異，我卻認為根本沒那麼荒謬！毋庸置疑，戀人對彼此實屬無可取代，因為他們分享一個獨特的**經歷**。馬克斯所舉的雙親例子當中，他們和被誘拐的那個孩子有共同經歷，和新的孩子沒有，因此這兩個孩子不管多相似，隨諸位想像——雙親即使如此還是想要回**他們的**孩子。蘇格拉底和迪奧蒂瑪有一段歷史，和海倫卻沒有，因此蘇格拉底想要的是迪奧蒂瑪，不管海倫有多美。不能朝這個方向思考下去嗎？愛人的共同經歷會是他們產生愛情的理由，或者是理由之一。還是你們覺得這個想法太簡單？」

「有意思，」伊曼紐認為，「不過還必須再進一步精確定義，此處所謂的『經歷』是什麼。因為在某種程度上，我們和地球上**所有的**人都有段共同經歷。」

「的確，」艾瑞絲附和他的看法，「好比馬克斯提到的孩子。再想想故事中的孩子，他十分困惑地在我們身邊醒來，也根本不認識我們，他可能哭泣，我們把他擁進懷裡，要是我們已經能重新清醒思考，我們會先做早餐，這段時間裡不停想著自己的孩子，難以想像我們的心何等沉重。然而此刻我們也必須照顧這個新的孩子，我們不能任他一人自生自滅。他的雙親在哪裡？他到底有沒有雙親呢？故事還可以不斷編織下去。」

「甚至和我們從未相遇的人都有些共同經歷，」伊曼紐承接思緒，「例如我們從未遇見這些人的經歷，或者他們住在我們東方千里之遙的經歷，凡此總總。如果歷史無所不在，光是經歷幾乎無法成為我們在此處討論的特殊的愛，以及愛的無可取代性的理由。所以，究竟是哪種經歷呢？」

「你說得對，」西蒙回答：「因此我們還要補充這個理論，並非任意一段經歷，而是我們親身參與塑造，並且想加以延續，對我們有意義，我們覺得有價值的經歷。」

「嗯，必須是這一類的才是，」伊曼紐點頭說：「但是接下來的問題在於仔細定義使無可取代性油然而生的『價值』。」

「什麼？我不明白……」馬克斯插嘴，一邊搖著頭。

伊曼紐重拾話題：「是這樣，我們探索愛的理論，這個理論要能解釋為何失去所愛之人無法彌補——對愛戀者而言絕對沒有人能取代愛人。並非和我以某段經歷連結的每個人都是這樣的人，即使這段經歷充滿價值。好比那邊角落裡的那架老鋼琴，它深得我心，如果可能，我想保有它。但是如果我終究失去它，也不至於我根本無法想像有其他鋼琴可替代。當然有些東西能彌補我失去鋼琴的心情，獲得這些東西讓我感覺同樣良好，甚至比我擁有鋼琴時更好。舉例來說，要是我因此可取得我母親的第一把小提琴，我想我會評估自己是快樂的。這兩段有價值的歷史，我和愛人共享的經歷，以及我和鋼琴共有的歷史，兩者之間的差別何在？」

「那麼你的看法是，即使是一段充滿價值的歷史還遠不是愛人無可取代的充分解釋。因為我們能想像，和某人分享一段有價值的歷史，卻不會認為此人對我們而言無法取代。」西蒙澄清。

「是的，而且現在我覺得，我們在兜圈子。因為我想，我們原本應該加以詮釋的經歷，說明它為什麼以及從哪個觀點來看，使得我們認為愛人無可取代，但其本身就以**無可替換**的意義對我們充滿價值，才能提供解釋。然而這個初步想法無法讓我們繼續申論，我們又回到原點。我們和愛人分享經歷，這個狀況對我們的主旨並非有力說法。」

伊曼紐環視在座的賓客，他的目光停在奧古斯丁身上。「你究竟怎麼看呢？」他問。奧古斯丁終於將頭從窗戶轉向桌子，正打算回答，西格蒙德卻插嘴說：「我們找不出解釋一點都不奇怪，因為根本沒有這種現象。要是認為我們的愛人因這一重大意義而無可取代，我們就是傻子，是自我欺騙。」

「你認真這麼想嗎?!」索倫脫口而出。他幾乎都要趴到桌面上了，彎身向前到這種程度。「完全相反，如果不相信愛，才是自我欺騙。如果懷疑愛，那麼就失去一切！」

「我相信愛，只是不認為愛人無可取代，」西格蒙德從容地回應，「愛並不像你們認為的那樣高高在上，愛踏實得多，當其他人成為我們性衝動的對象，我們就愛其他人。性衝動是種衝動，它的目的相當簡單：享樂。雖然，它也許畢竟比較複雜，因為快樂感受和我們追求成長、生活以及知識的衝動有關。這方面我和蘇格拉底的想法一致。最初且影響最深遠的快樂感受是和母親或父親的身體接觸，當他們擁抱我們，哺乳，讓我們覺得受到庇護和安全，這一定不是偶然。只要想像吸吮母乳的嬰兒，貼著母親肌膚，溫暖的乳汁，以及飽足感。但此外還有母親的眼神，她的關注，她的聲音，這一切讓我們成長，長大，到某個時候變成**自我**。享樂是活力刺激。但無論如何：具體的愛情對象當然可以替換，可以由類似甚至更深層滿足性衝動的對象來取代，亦即能產生相近或更大歡愉的對象。我們戀愛的時候，我們可能覺得有所不同，愛典型地抬升被愛者，也可能使愛人在我們眼中顯得無可替代，但這是種幻象。」

馬克斯看著索倫，有如想請求對方支持。「我們該如何判定某個現象是真實還是虛幻？」艾瑞絲的喃喃聲傳來。

但沒人來得及回應，因為奧古斯丁提高聲音：「慢著，西格蒙德。無可替代性還有其他可能的解釋，沒道理立刻就棄械投降。你們一開始就舉出一個有用的概念，卻沒有持續關注，也就是**目標**這個概念本身。馬克斯說得很對，所有東西，只要被我們當作達到其他目標的手段，對我們而言都可以被取代，但不適用於只是我們個人覺得充滿價值的東西——就是目標本身。目標對我們而言無可取代，因為我們不是為了其他事物，而是只因為目標自身而想要它。任何不是它本身的事物都不會是它的替代品，而當然只有目標本身是它自身！」

他眨眨眼然後繼續解釋：「成為這樣一個目標本身不同於擁有一些自有其價值的特質，否則這個目標就能被其他具有同樣特質的東西取代，正如伊曼紐先前已經提到。不，要是美麗的迪奧蒂瑪自身就是目標，那麼不僅因為她的美自身有其價值，而是因為她**就是**她。我們可以朝以下方向思考：愛人對愛戀者無可取代，因為愛戀者將愛人視為目標本身。聽起來比事實簡單，其實整個論點相當複雜，我已經思考了一段時間，思索如何加以立論，說明某人本身就是目標。有客觀或者只有完全主觀的理由嗎？只因為某人自身而想擁有對方，這究竟意味著什麼？到底想要的是什麼？對方的存在？對方親近自己？

老實說，我認為只有上帝才是目標自身，我們於是也只能把上帝當成真的無可替代，而能愛上帝。親近上帝，認識上帝——這意味著認知和理解一切——僅此而已，其餘一切要不無用，要不只是達到這個目標的手段。這對我們的情欲關係、友誼和家族牽絆也是關鍵：我們不應把其他人放在上帝的位置上，而是儘可能和他們保持來往，如他們對我們走向通往上帝的道路所能協助的程度，例如，因為他們協助我們理解上帝。忘記這一點的人就在尋找本源之間蹉跎。」

伊曼紐變得非常專心：「這真是個好想法！繼續思考這些特殊的目標，的確，可能帶來許多成果……我雖然不認為只有上帝是目標自身，而是每個人皆為目標自身，因此所有的人都有**尊嚴**，其實正意味著無可取代：無人能夠也不被允許在某人的位置放上替代物，某人就擁有尊嚴。人和其他有價值的東西的差別就在其中，人因此贏得尊重。不過……或許也因此贏得愛?!或者，也許尊嚴至少讓愛實現？因為人不可能認真愛上沒有尊嚴的東西，正因為他們可被取代！不過我們還必須區分敬重和愛……兩者絕不相同。」

最後一句話比較像是他自言自語，而且邊說邊繼續做筆記。西蒙把更多紙推給他。

「等一下，」馬克斯表示，「你不是認為人因為理性思考能力才擁有尊嚴，並且無可取代嗎？我一直都認為這個說法非常值得懷疑。這下可好了，我們應該具備這種能力，也才能夠去愛？」他大笑，「再沒有比這聽起來更無情的了！人不會愛上另一個人，只因為對方能計算一加一！或許你會……但這真的只是種哲學病。」

伊曼紐的表情呈現出受傷和譏嘲的混合，「你只是誤解我所謂理性和理性能力是什麼意思，馬克斯，」他冷淡地說，「但是這根本和主題無關。我們如何正確立論人的尊嚴，這一點可以先暫放一邊。在座諸位之中有人或許會想，其中根本沒什麼可以大加立論的，我們只是在和他人互動時體驗到他們充滿尊嚴，而且這種經驗是我們和他人關係的核心部分，還影響我們的自我形象等等，值得多加斟酌。不過，下次吧。眼下的重點在於，這個想法是否有助於尋找愛人無可替代的解釋。也許解釋就在於愛和尊重像姊妹一樣。也就是說：愛也許和尊嚴相關，尊嚴正是人**生而為人**所擁有，就和尊重一樣。愛和尊重之間的差別只在於人際關係的**形式**。」

「嗯，」西蒙思考著，「愛當然比尊重多些激情，愛伴隨著要求，根本**就是**種要求——要求愛人在身旁，需索對方的身體和心靈。和尊重不同，愛並不具備道德訴求：我們有義務尊重他人，但卻沒有義務愛他人，不是嗎？」客廳裡有幾個人搖頭，其他人看起來則不那麼確定。

她繼續說：「那麼回到愛與尊重之間的差異真的很重要。但即使如此，我尚未真的參透，這對愛人無可取代性的解釋會是什麼。假設，我們以下列步驟推論：我們說愛人對愛戀者無可取代的理由，就和受尊重者對抱持敬意者而言無可取代一樣，亦即基於對方（註：被動方）的尊嚴。因為擁有尊嚴意味著自身即是所求目標，因此無可取代，而每個人都擁有尊嚴。但以此也尚未解釋，為何愛人對愛戀者而言**特別**無法取代，而且異於不被愛戀者所愛但尊重的人。失去所愛某人的哀傷，比起失去我們不愛但尊重的人所產生的感受畢竟完全不同，前者更加撕心裂肺。**這**正是我們想要解釋的。也許我們甚至應該說，愛人對愛戀者在主觀上無可取代，尊重則相反地涉及客觀的無可取代性？」

蘇格拉底沉默良久，這當中他多次起身，好伸展雙腿和雙臂。這時他突然插話：

「啊哈！我親愛的朋友們，從馬克斯描述問題以來，我一直想著：他沒錯，他說得對。我曾愛過以及仍愛著的人，每一個對我都無可取代。即使我看到其他人具備相似甚至更好的特質，我也不想拿他們和世界上任何東西交換，當我想像失去他們，心頭就十分鬱悶。當我還年輕，我就像西格蒙德一樣，認為這些感受不理性。我當時常和迪奧蒂瑪在一起，不想顯得多愁善感。每當情緒波動襲來，她就搖頭。但也許我在這一點上面誤會她，為她做太多設想。反正她總是很看重，要知道**我**在想什麼，以及**我**對她向我指出的問題有何看法。**人**能有什麼樣的想法，這對她並沒有什麼意思，她也不關心一個複製的我，也就是某個**像**我的人會怎麼想。她想聽的是特定的這個蘇格拉底的想法，沒有第二個。就這個觀點來看，她似乎認定我無可取代……我的意見對她才算數。我想，在她身邊，我以這個方式學到尊重我自己的意見——在我的心靈內在尋找答案，並且慎重地思考。

如今我暗想，迪奧蒂瑪的態度隱藏著深刻洞見。反正一個心靈對**其他心靈**都無可取代。因為當我們把一個心靈視為心靈之際，比方在對話當中，我們將這個心靈視為行動者而加以應對，和面對具備特質的客體相反。我們和對方互動而非描述。」

「蘇格拉底?!你還好吧？」馬克斯問他。

「哎呀，又提起迪奧蒂瑪……對一個你發明的人來說，這是段相當複雜的關係……！」西格蒙德認為。

蘇格拉底看著披巾：「把對方視為行動者，與之互動，這意味著被捲入行為和對應行為之中——其他人應被視為**自由身**，不預設對方的舉止。描述他人因此既非這類互動的目的，也並不真的可行，因為自由的行動者的未來開放而未決，可以改變自己的想法和立足點，即使在片刻的表達之中也一直都有所保留：『我對我自己說法的真相有多確信，我堅定的時間就有多長。我一旦有理由懷疑，就允許自己改變看法。』要是我們以這樣的態度面對他人，他們對我們顯得無可取代也就不足為奇：沒有描述就沒有比較，沒有比較就無法以同樣好或更好的候選人來替代……我們感興趣的不是他們的本質（So-Sein），而是他們的行為。」

「聽起來美妙得像存在主義！」西蒙開心得雙手扠腰，「誰想得到呢？歡迎加入！我要告訴尚－保羅和其他人。」

「我已經說明，我把對另一個人的愛理解為與之進行哲學對話的欲求，因為我們於是接近智慧。我的論點不變。」蘇格拉底又開始動起來，繞著桌子漫步，一面說著：「但現在請想想，當我們渴求他人成為對話伴侶，我們的行為就把對方當作適才所指意義中的共同行為者。因為彼此對話，思考——這一切都是行為，必須是自由行之，或是至少必須設想自己和其他人擁有這樣的自由，否則就無法運作：我無法認真地和某人聊天，如果我覺得他的答案都是預先設定，而非出於他個人的思考。身為愛戀者的我正是以這樣的態度面對無可取代的愛人。我們大可以把剛才提出的幾個想法串連在一起。這裡當然有個主要目標：智慧。不過或許比想像的少點風險……」

蘇格拉底位子上的空白紙張下面有什麼發出嗶嗶聲，西格蒙德撈出一支手機，「蘇格拉底，這是你的嗎？」室內響起一陣詫異的低語。

「我想，你剛收到一封簡訊。」西格蒙德站起來，好把手機遞給蘇格拉底。他無法不看到螢幕上顯示著：「整理自己的思緒。D.」

第 *4* 章

愛情與性慾

Liebe und Lust

西格蒙德・佛洛伊德捍衛自己的「慾力理論」，
賓客研究愛的生物學。

愛＝慾力

在蘇格拉底能詳述他適才的想法之前，索倫突然站起身來。他察覺到其他人的目光投注在他身上，臉紅了起來，但是勇敢地站著不動。

「無可取代的問題讓我們深陷對愛的本質的討論。我們如何繼續討論有幾個可能性，我們最好把它們都攤開來，讓我們不至於失去概觀。首先我們必須決定，我們是否應慎重看待馬克斯提及的現象。如果我們認真看待，相信愛人被視為無可取代是愛的核心部分，那麼有些愛的理論就被排除，好比那些主張愛只意味著，愛人就某些觀點看來充滿價值——美麗、風趣或聰明。我們看過這些理論了。另一個理論增加一個條件，認為愛戀者必須額外彼此分享一段珍貴的經歷，似乎也經不起批判。」

他一邊說，臉部線條一邊鬆懈下來。他的動作變得比較自信，跡近英勇。

「但是還有其他理論在檯面上，其中包括艾瑞絲所建議的：愛並非是出於對愛人的某種評判，而是顛倒過來——愛教導我們不帶任何預設立場地看待愛人，因此也能正確評判對方。愛打開我們一般被自私薄紗遮住的雙眼，根據這個想像，愛可以有各種可能的肇因，例如生物學上的肇因。或許也可以積極學習讓眼光銳利，並且不帶預設立場地看待其他人。

此外我們還有奧古斯丁的建議，他認為愛人不是手段，對愛戀者而言，愛人毋寧是目標自身。加上伊曼紐的發揚闡述，愛是尊重的姊妹，因為尊重同樣針對愛人的尊嚴，正如西蒙補充，卻可能以渴求形式呈現，而這可能是愛與尊重之間的差別。

最後還有蘇格拉底的新論點，他依舊將愛理解為和愛人進行哲學談話的渴求，但這時他又加了一些條件，亦即，彼此以談話對象的身分相遇意味著，並非自我描述和比較，而是想和對方互動，在精神中行動。他相信可以因此避開馬克斯的批評，愛戀者彼此互動的方式從一開始就排除了替換性。」

索倫暫停了一下，在思考的時候咬著左手小指。

「當然這些點子尚未成熟，」他接下去說，「這些算什麼呢！這些是速描，讓人可以繼續描繪終至完成，如果想要這麼做，屆時我們將需要更多準則，協助我們進一步限縮選項。除了愛人是無可取代的，還有其他我們重視的觀點：什麼最能解釋我們對愛的經驗？愛比較像是清楚的觀看，或者像是種渴求？和不同種類的愛之間的關係如何？究竟有沒有不同種類的愛？這些立論之中哪一個最能解釋何以愛在我們生命中如此重要？凡此總總。人終究無法觸及愛的本源，無法完整解釋……只能趨近愛，學著更能觀察及描述愛在我們生活、我們心靈之中所作所為。

但是在我們思考這些論點之前，我們必須回到根本決定。談論愛無法取代的時候，我們將採取哪一個立場——西格蒙德還是馬克斯的？我們想要如何以及以哪個基礎做出這個決定？」

「怎麼說『如何』？你不總認為做決定就像**跳躍**嗎？」奧古斯丁問他，「因為最終沒有理由做出決定，我們因此就必須跟隨我們的意志行動，看它投向哪一邊，不是嗎？我正確理解嗎？」

索倫語塞了一下，然後他略感挫折地說：「我們不必在每次做決定的時候跳躍。有些決定大可根據理由來做。只要不是特定的決定，例如人該怎麼生活。我們身邊現象的現實性問題是否也屬於這一類，是否需要跳躍，依然未決。我建議我們首先找出理由，看看我們能進展到什麼地步。」

> 有些決定需要意志行動，就像一個跳躍，這個想法是由索倫．齊克果在他的著作《非此即彼》的第二部分當中發展出來。

「好主意，」西蒙接過話題，「當我觀察在座諸位，大家其實都知道那種感覺，覺得愛人對自己而言無可取代。沒有人想著要用自己的孩子或摯愛，還是最好的朋友，來換成其他具有相似特質的人。這一點就連西格蒙德都贊同，對吧？想想你的女兒安娜……」

安娜．佛洛伊德是西格蒙德．佛洛伊德最小的女兒，和父親之間不僅親情相繫，在智識方面也有非常緊密的連結，她本人成為心理分析家，在孩童分析方面的重要著作尤其聞名。

「是，我對這一點的看法相同。」他回答。

「那麼你的批評究竟是什麼呢？你認為印象只是幻象，因為我們的愛人**其實**對我們而言並非無可取代？或者你接受我們對愛人抱持特殊心態，但是認為這種心態不理性？換句話說：我們在涉及自身還是涉及愛人的部分弄錯了？」

「二者並不總是那樣容易分割，」西格蒙德表示，「在某些程度，兩者……」

馬克斯打斷他：「但是索倫的問題問得對：我們為何應該相信你？我們**沒自欺**更為切近，尤其是我們都有這些感覺！給我們一個理由，為何我們應該慎重看待你對愛的質疑。」

「哎呀，」西格蒙德思索著回應，「我根本不認為懷疑論隨時隨地都適用。但是，即使如此，我們仍不該天真地相信我們的經驗和感覺，它們需要分析，因為它們在表面的表現不同於表面之下。我們不斷自我欺騙。」

「但是一定有個基準點，讓我們不信賴特定感受吧？」馬克斯激動地表示，「如果我們徹底懷疑**所有**沒在元層次被分析過的感覺，我們根本無法真的生活。我們會變成自己的病人，和自己持續產生分歧，那將會很可怕。」

「我們要是不自我分析才會活在和自己的分歧之中。」西格蒙德解釋，「對自己真正的感受和思想一無所知的人，就不是自己的主宰，而是所有可能心理力量的玩物——自我欺騙和壓抑技巧的結果，掌控個人的行為，本人卻對它毫不理解。相反的，真相讓我們和自己和解……這方面我和蘇格拉底的看法非常相似，要是沒有這回存在主義的突發奇想，他會是我的英雄！」

「但是你一直沒有回答原本的問題：我們有什麼理由不相信那種無可取代的感覺？」馬克斯繼續發牢騷。

「理由就是我已經提過的慾力理論，那是我以長達數年的觀察所發展出來的理論。愛和情慾非常根本相連，嘗試重複吸吮母親胸部的原始經驗。老阿里斯托芬其實並不完全錯誤。」他朝蘇格拉底的方向做了個鬼臉。「吸吮的時候，嬰兒初次經驗到滿足，於是愛上母親。在成年的道路上，孩子們必須逐步地和母親分離，相當痛苦。幸運的是性衝動可以轉向其他客體，他們同樣能帶來性滿足。你們知道，我所說的『性』指的不只涉及『性器』，其實『性』指涉一切激起性衝動的事物，亦即追求歡愉和生活的衝動。如果性衝動發展良好，孩子就能漸漸克服失去母親的痛苦。因此愛的客體原則上可以彼此交換，若非如此，我們將永遠無法克服最初的分離之痛。

即使如此，研究我們何以承受同樣的欺騙當然很有意思。愛讓我們誤以為沒有任何事物或任何人能彌補失去愛人的損失，這一定不可能是偶然，我認為這和第一個損失經驗造成的創傷相關。」

幾個來賓把紙弄得窸窸窣窣，有些低語，準備回應。蘇格拉底最先發言：

「我們的確有些相同看法，我們的理論分別將愛簡化在更基礎的狀態和過程上。或者換個更好的說法，我們認為比較基礎的。就你的理論是追求歡愉、生命存續和生活的衝動；就我的理論則是追求智慧。或許因此，我們都在解釋愛人無可替代方面遭遇困難並非偶然，因為這是愛特殊的一面，使之和大部分的心態有所差別。如果伊曼紐是對的，如此看來只有尊重和愛相近。衝動或期望等等當作解釋都不好。」

「就像索倫和我一樣來解釋嘛！」馬克斯這時呼喊著，「我們的做法恰恰相反，將一切可能的心態都簡化成愛。好比我認為愛解釋我們感官對世界的感知，以及我們所思考的事物，因為愛決定我們關注什麼。我們對世界的認識由愛引導，愛是初階！」

「嘶，」西蒙有些輕視地發出噓聲，「這個說法此刻只會讓我們分神，而且你們將愛視為至高無上是抄襲奧古斯丁。」馬克斯失望地嘛了一下嘴，但隨即振作起來。

奧古斯丁利用這中斷，提出新的問題：「西格蒙德，你對『衝動』究竟如何理解？只是特定生物過程的另一個用詞嗎？若是我所知正確，目前有些人說愛只是腦子裡特定的神經化學過程。我想這當中尤其牽涉到荷爾蒙多巴胺和摧崔……催產素。你這麼看的嗎？」

根據神經科學研究，愛戀和愛發生時，腦中會分泌特定荷爾蒙。例如人類學家海倫．費雪（Helen Fisher）在實驗中證實，戀愛中人看到摯愛，甚至只是想著對方，都會出現較高的多巴胺、催產素和加壓素濃度。分泌多巴胺疑似導致愛戀者對愛人的感覺強度升高，並且近乎強迫症似的關注對方。催產素和加壓素相反的以連結荷爾蒙而聞名，剛升格的父母親也會分泌這兩種激素。這個實驗結果的詳細詮釋當然有所爭議。

「我也讀過這個說法，」伊曼紐點頭，朝著一疊比較新的雜誌示意，雜誌堆在房間一角。

「不好意思，西格蒙德不可能是這個意思！」西蒙呼喊出聲，「否則他要怎麼說不具備人體的生物？想像一下，我們在另一個星球發現生命：那裡有些生物因其行為而和我們相似，其中包括他們可能也對彼此有深刻感情，互相照顧，做任何在我們這邊獲稱『愛』之名的事情。他們的身體發展卻可能不同於我們，他們的身體根本沒有多巴胺和催產素。要是我們將分泌這類荷爾蒙**認定**為愛，那麼我們必然宣稱，這些生物對彼此不能感受到愛——這將完全不可信。」

「是的，我們也會排除機器人能愛，因為沒有多巴胺等等，他們腦子裡只有鐵片！」伊曼紐贊同地說。

「多巴胺，機器人……」蘇格拉底讚嘆地搖著頭。

「不要這樣嘛！擁有智慧手機的人都已經聽過機器人說話了！」其他人譏嘲地說。

西蒙繼續說：「機器人是否能愛，這是個困難的問題，也許我們之後再回頭討論？但我覺得，從一開始就將愛侷限於生物學上和我們相似的生物並非好策略，這麼做有些獨斷。愛必須可以多方實現，如果你們知道我是什麼意思。精神狀態如期望、信念與其他種種——這些也都適用上述原則。」

許多人點頭，艾瑞絲還補充說：「此外，當我們用『愛』這個字眼的時候，我們想到的可不是荷爾蒙的分泌，好比對某人表白我們的愛。『我愛你』這個句子的意思不是『當我看到你，我的多巴胺濃度升高』，不是這個訊息，而是重要得多的，其中包括一段發生在說這句話的主角身上的故事：他的生命再也不同以往，他變得容易受傷，世界在他眼中從此不同，他的煩惱、憂愁、喜悅和困境都不一樣。並不是說愛和荷爾蒙一點關係都沒有，多巴胺、催產素和類似物質可能是這種新狀態或是人處於此狀態的部分肇因。也許這些激素經演化而來，正為了接手這個任務。為了澄清這一點，我們必須深入探討愛與心靈的關係這個問題。」她看著伊曼紐，「不過就算沒有這些形而上的討論，我們也可以放心地排除簡單的荷爾蒙認證論點。」

「我不會因此落淚！」馬克斯大聲說。

「我們該粗略地說，愛是愛人尚待釐清的精神呈現，對愛戀者具有特殊意義，就像艾瑞絲方才所描述的嗎？」西蒙想完善她的說法。「我們對此還保持開放，愛可能是信念、判斷、期望、情緒、衝動或是隨便什麼——如果衝動算得上精神表現。但是我們可確定，愛是具備內涵的精神態度：愛有個客體，人愛上**某人**，荷爾蒙卻沒有客體。」

「好，那麼我們現在可以重新思考西格蒙德的理論，就你的意見，衝動是什麼，西格蒙德？我們希望你沒有隨便把衝動和某些生物過程劃上等號……」奧古斯丁重覆他的問題。

西格蒙德忍不住笑：「哈哈，你們提到一個棘手的主題，親愛的朋友們。衝動是什麼，它並不容易加以定義，我對自己的嘗試以及精神分析協會的建議從不曾十分滿意。不過可以確定：我所說的衝動是一種現象，既非本能亦不僅是期望。我曾寫過，衝動是源源不絕的身體刺激根源的精神表現。你們看，有種精神表現確實可以多方實現——幸福！原則上沒有證據反駁外星人也有原始慾望，不用擔心。正**因為**衝動是刺激根源的精神表現，它和本能就有所不同：它在心神當中作動，運用想像力，因此比本能更多變，它的客體和目的或多或少受演化限定。因為性衝動在人身上不僅是種本能，可以朝向非傳統意義上與性甚至和繁衍相關的客體。於是經常導致變態和戀物癖，卻非一律有問題——相反地：許多藝術和文化成就都和我們性衝動昇華相關，將這種內在力量轉向創造，它們的目標對象是那般廣泛，可運用多種行為：它們的目的是身體歡愉，的確，但正如前面提及，是一種好比理解困難事物時也會經歷到的身體歡愉，也可能是看到自己的孩子，擁抱和親吻的時候——這一切都彼此相關，從同一個根源湧出。」

「也許有些什麼像衝動，也許性衝動是人的核心衝動。一切都有可能。」奧古斯丁提出他的異議，「但我認為衝動尚未完全涵蓋愛，光是性衝動不足以解釋愛的完整意涵。要是我們聽信你的看法，那麼我們不僅要將愛人之無可取代性束之高閣，將之降級成錯覺，還把索倫和艾瑞絲已經開頭的理論，以及將愛與其他性衝動行為區分開來的一切都變得無法解釋。好比愛終究是種企求，伴隨一種對其客體產生的特殊**憂慮**。有戀鞋癖的人對鞋子的憂慮不同於愛戀者對愛人的憂慮。愛戀者的憂慮是嚴肅的：愛戀者的歡喜和痛苦完全取決於愛人的歡喜與痛苦，是啊，他們甚至願意為對方付出生命。要是有人會為鞋子做這樣的事可真是瘋了——這個人應該迫切需要心理協助！但是在愛情關係中，我們會有不同的判斷。不是瘋了，在特定情況下可以理解，並且與愛及愛人的重要性相符。

再者，愛伴隨一種幸福體驗，難以用言語表達，這種體驗和神聖性有些關連。想想你們第一次看到自己孩子的那一刻，或者和你們的愛人的特殊片刻，那一刻你們清楚看到愛。這種喜悅，填滿內心，讓人希望活得長久，性衝動的其他對象不會讓人產生這種喜悅，這是愛特有的。如果我們將愛簡化成性衝動，我們將無法解釋這一切。或者至少必須將這一切解釋成過度膨脹，因此最終歸類成誤解。」

奧古斯丁停下來，室內一片寂靜，直到索倫說：「現在我們又面臨抉擇：相信愛，或是將愛當成腦子作怪。我現在跳向相信愛。相信愛的人，愛使他們進入天堂。」

「哼，我覺得天堂什麼的有些誇張……」西蒙表示，「但是再說些別的，西格蒙德，你說你的理論乃是以觀察病人為基礎，你從不曾觀察到某人因為失去愛人而悲傷嗎？」

「有，當然有，但是為了解釋這種悲傷，我認為必須用到性衝動，理論越簡化，就越不必預設立場，因此就越好，不是嗎？反正我到目前都這麼想。現在給我一點時間思考你們提出的異議。」

第 5 章

人能愛上機器嗎？

Kann man Maschinen lieben ?

奧古斯丁對人工智慧與性愛機器人感興趣，
聚會眾人對意識的重要性想破頭。

伊曼紐望向手錶，跳起身來，「我的湯！」他大叫著，一邊急忙走出門，下樓梯走向廚房。蘇格拉底，他在房間裡健行剛好走到門檻邊，也跟在後面下樓，好幫忙拿東西。一會兒，他們兩人帶著盤子、餐具和一個冒煙的鍋子回來。「簡單的豆子，」伊曼紐說明，用一把大勺子盛菜。蘇格拉底切麵包，倒水，滿足地咀嚼一塊分切時碎落的牛肉。「也有酒嗎？」西格蒙德謹慎地詢問。伊曼紐不發一言地打開他的夾克，裡面難以置信地有兩瓶好紅酒，這時他熟練地開酒瓶，把酒放到桌子中間。西格蒙德接手斟酒的任務。

「好酒！」艾瑞絲讚美著，其他人衷心附和。奧古斯丁這時拿過堆在角落裡的枯黃報紙其中一份，「我在找關於那個機器人的文章，你們剛提的那個……他們叫做人工智慧的那個，非常有趣。」他解釋著，當作對詢問眼光的答案，繼續翻閱，同時把湯匙塞進嘴裡。

「人們如今被描述人與機器之間的關係的電影所吸引。這裡：幾乎每年都有新系列！」他指著一些照片，圖片點綴著一篇電影評論。「電影裡，機器人幾乎就和人一樣：不僅看起來就像我們，說話也像我們，行為相似，似乎呈現出同樣的感情等等。然後通常有個人愛上機器人，不知道機器人是否回應對方的愛——觀眾必須自行決定。當然看起來這份愛是雙向的，但是我們能相信這個表象嗎？**有人**藏在機器人眼睛後面嗎？人究竟**能不能**真的愛上機器人呢？評論家忙著討論這些。」

「難道不是取決於機器人是否具備意識嗎？」西蒙發言，「沒有意識，它們只是特別精巧的計算機，只是物品。物品既不能愛也不能真的被愛，更進一步來說：要是愛上機器人，也只是因為犯了錯誤，例如將之擬人化——就像孩子們把娃娃擬人化。我們早已討論過，就是剛才說到的鞋子：鞋子在某些情況下會是性衝動的客體，但是它不能被愛，不是以這樣的本質。其他沒有意識的物品也是如此。」

「我也認為，人不能愛單純的物品，」桌子末端的伊曼紐點著頭，「如果很清楚的就是一件物品，而且人並未自欺，那麼就不能。即使在這樣的自欺場景之中，人還是不能真正的愛物品本身，只是把物品混淆成——**幻影**。我們雖然常說多愛巧克力，但顯然只是種誇張的說法，只表達出我們有多喜歡吃巧克力。要是某人說自己喜歡某樣藝術品——《聖殤》（註：米開朗基羅作品）或是《蒙娜麗莎》或是類似作品，情況就有點比較複雜。藝術品也不能如人愛人這層意義來愛，但是和巧克力不同，人可以為它擔憂，並且無關自我利益而想保存它。但是有個極限——它們永遠不像人那樣無法取代。它們也不是目標自身，它們的價值在於它們傳達給我們的內涵，原則上也不能被其他藝術品或精細複製品所取代。我們執著於原創，但僅因為它讓我們接近藝術家，藝術品的價值原則上可以轉移。我們已經討論過，人的情況有所不同……愛隱含著覺得愛人無可取代，那麼人也不能真的愛藝術作品。」

「回到主題，伊曼紐，我們剛才說的明明是機器人，」西蒙告誡他。

「抱歉，沒錯，那麼——其實我只想證實，人不能真的愛上物品。如果機器人只是物品，人當然也不能愛機器人。只不過我自問，意識是否為相關分辨特徵，如果是，為什麼。意識有何特殊之處，使得唯有具備意識的生物才能被愛？」

「哎呀，有意識的生物是個體：它們形成無法分割的整體，因為它們對世界有個觀點。」西蒙解釋，「觀點有個出發點，而且只有一個。觀點的出發點——這個**初始**觀點——是『自我』。自我結合感官印象以及一般所有精神結果到腦子裡，也是精神行為的作動者，只要有能力辦到。」

「**精神**行為？」馬克斯插嘴問道。

「類似思考，想像些什麼，計畫等等，和精神事件相反。精神事件不是行為，因為它只是襲向一個人，好比突然想到什麼，或是對什麼感到高興等等。但不管如何，我的要點應該是，意識意味著個體性，而愛是種心態，唯有面對個體才能產生的心態。」

「那麼對動物也有嘍？他們也有意識，因此也是個體。」

「是啊，怎麼不是？人畢竟愛他們的狗、貓和馬，為什麼他們就不能愛獅子或大象？還是乳牛！」西蒙顯然因自己突發奇想而開心。

「那麼鱷魚還是金魚呢？或者蜘蛛？還是蜉蝣？」馬克斯想到蜘蛛的時候搖了搖頭。

「愛動物當然比較簡單，和我們親近而且能和他們建立關係的動物，也就是高度發展的哺乳動物。但是我覺得不能排除人也能愛其他動物。說到蜉蝣，我們會覺得奇怪，只因為我們不確定他們是否真的具備意識……」

「嗯，這個動物例子說明了，不只要具備意識，還要有建立關係的能力，可能還要具備**愛的能力**，後者讓我們得以去愛某種生物。因此我們比較容易愛上哺乳動物，卻難以想像對兩棲動物或類似生物產生愛意。」馬克斯緊追不捨：「而且有個理由：愛伴隨著得到回應的期望，只有在被愛者至少原則上有能力回應這份愛的時候，才可以保有這個期望。面對蜉蝣，這個期望根本不會產生意義，因此人也不會愛蜉蝣，不管蜉蝣是否具備意識。」

「人不能期望不可能的事物嗎？」索倫低語。

「我想不能，」馬克斯回答時出人意表地有耐心。「人主動追求所期望之物，無法主動追尋被認定為不可能的事物，不是嗎？無論如何：人是否能愛機器人，不只取決於它們是否具備意識，還要考慮**它們**是否具備愛的能力。我說『不只』，因為我的出發點是只有具備意識的生物才有愛的能力。他們必須對愛人做出精神表達，也就是精神上能呼應愛人，但不是任何有意識的生物都一定能去愛。」

「等一下，不要這麼快！」奧古斯丁踩煞車。「我還在考慮個體性這個問題，西蒙剛提到的那個。其中的想法是，身為個體是**某人**而非東西。也許我們應該就稱某人為『主體』（Subjekt）。主體以其觀點對世界產生心態，有時是非常初級的心態，如鴨子或老鼠的心態；有時也非常複雜，好比人的心態。人類心態甚至自我反思，因為人類十分能意識到他有意識，有時能產生某種類似精神行為的東西？人可能必須意識到自己的意識，才能引導和影響自我，就像思考或進行類似精神活動時所做的事情。主體在任何情況下都是具備內心生活的生物，或者更好的說法：擁有**自成一格**生活的生物。不知怎地，此處又浮現尊嚴這個概念。擁有自成一格的生活的生物不可能只是達到目標的手段，向來也是**只為自己**而存在。人被誘導而說出主體是目標自身，因此也有尊嚴，或說無可取代，正如我們適才所討論。雖然我從一開始就宣稱，只有上帝才是目標自身，現在我卻自問，這一點其實不也適用於任何有意識的生物……」他轉動他的原子筆，寫下些什麼，搖搖頭，然後繼續思考。

「這又解釋了，當人是個主體，何以人是愛的可能客體。」伊曼紐補充。

「正是……」

「擁有意識和成為主體是重點，我也沒什麼要反駁！很可能人生而為人擁有尊嚴，相應地值得敬重。但為了能**被愛**，可能還需要更多，也就是愛的能力。」

這回又是馬克斯提出。

「那什麼使我們具備愛的能力？」

「有個基本條件是，從根本對主體和物品之間的差異感興趣。具備愛的能力的生物覺得自己被引向其他主體，為什麼？因為他們想要交流！只有和同樣具備觀點，因此對世界抱持某種心態的生物才能交流。然後還有一些是可以討論的，對我們而言，根本沒有比這個更刺激的了：我們可以與之互動的其他精神生物。」馬克斯又畫個大動作，大家現在已經看慣了。

蘇格拉底容光煥發：「我們在某些方面畢竟意見一致，馬克斯，」他說著，拍著馬克斯的肩膀。

「根據最新的研究，人類嬰兒很早就表現出這方面的興趣，在出生後最初幾天到幾週。」

「聽聽，大家聽聽看！最新研究！」西格蒙德開起玩笑。

許多證據顯示，嬰兒或多或少從出生最初幾天就對人臉、表情和語言有特別興趣。針對這個主題有本知名的書是丹尼爾．史騰恩（Daniel N. Stern）所著的《嬰幼兒的人際世界》（*The Interpersonal World of the Infant*）。根據他的說法，嬰兒在出生最初三個月就能分辨主體和單純客體。

馬克斯保持嚴肅：「嬰兒當然不知道相對於物品的主體概念，但是他們對他人關切的反應完全不同於對電腦合成聲音等等。甚至他們在出生幾天和幾週後，他們對動物的反應就比對電腦來得有興趣。」

「那麼為他人煩憂和同情的能力呢？這些難道不是愛的能力的其他條件？」艾瑞絲的靜默稍長了些，「把眼光從自身轉開，是啊，能夠投入的可能性——這非常重要。如果要有效交流，就需要這些。為了理解他人，人必須讓觀點接近，能設身處地。同理和同情彼此並非那般不相干，不像某些人所認定。同理，也就是設身處地的能力，總伴隨一定程度的同情。因為當我們能設身處地，我們不是不帶參與感的觀看，看著驅動對方的是什麼，以及為什麼，而是我們隨對方而動。例如我們察覺到他行為的作動理由——至少我們稍微察覺那些理由對他的吸引力，因他的困頓而受苦，以及察覺他的喜悅。於是我們和對方一起受苦和開心，這就是同情——**一起**受苦或**一起**開心。」

「這對機器人意味著什麼？為了能真的愛上機器人，它們本身必須具備愛的能力。這表示它們必須不只擁有意識，還要能自行欲求交流，以及要能察覺憂愁及憐憫。這是很多要求。」伊曼紐抱持懷疑。

「的確，太多了。要是人只能愛已經具備愛的能力的對象，那麼相當多人會被排除在愛人之外，好比嬰兒，即使馬克斯是對的，嬰兒很早就對其他主體顯示興趣，他們或許不會完全達到上述條件，但是我們不會想說雙親不愛他們的幼兒！在這個世界上，他們或許只愛這皺巴巴、不會說話而且眼神肅然的小娃兒，他們有種感覺，覺得像是得以望進天國……」奧古斯丁認為。

「他們預先看到嬰兒的未來！親愛的雙親看到嬰兒愛的能力，此時還在胸懷裡沉睡，但有部分因為雙親的愛而開展。」馬克斯回應，似乎確信自己是對的。

「此外，我們真的不該低估嬰兒，」這時又是西格蒙德發言，「他們能辦到的比最初看來的更多。我不會排除嬰兒也已經能愛人。」

「好，但還有其他例子，」奧古斯丁回答，「不容易擔憂和憐憫的人又如何呢？好比自戀狂，能愛他們嗎？那會是充滿痛苦的愛，尤其因為愛一直不會得到回應，但是他們並未被排除。」

「我只是想說清楚：我們這裡談的是愛的**能力**，而不是真正的互愛，不是嗎？因為我們當然能愛不回應我們的愛的人。蘇格拉底雖然一開始抱持相反主張，但是我依然覺得這個主張不可信。而馬克斯的論點比較弱，亦即人不能愛上非原則上**能夠**去愛的人，對吧？」西蒙獲得肯定的點頭。

「但也許愛戀者也只能設想愛人給予愛的能力，不管表象如何。」索倫這時低語著，臉又紅了。大家都沉默地聽著他說。

「真正的愛戀者將愛人視為身邊的人，他的鄰人，倚靠上帝，轉變**成**上帝。

上帝所在之處就是愛。我在其他人身上看到祂的愛，但是我沒有在這個世間能展現的證據。其實蘇格拉底說得沒錯。」隨著這些話，他放鬆下來，就像之前那樣，「我們不僅看到對方愛的能力，還看到他們愛**我們**。」他停下來。

「你認為我們能愛機器人嗎？以及機器人能愛我們嗎？」伊曼紐問他。

索倫默不作聲，不清楚自己是否打算回答。然後他還是說了：

「我只知道一件事，比起去愛而被欺瞞，過度小心防範潛在的欺瞞而不去愛要糟糕得多。當然人只能愛個體，或稱為主體，還是隨你們喜歡的去稱呼，只要是和上帝同在的人。但是有一點，如果我們再也不能察覺人與機器人之間的差別，二者之間的界限模糊了，那麼機器也許就歸類於個體、主體或者鄰人。」

伊曼紐點點頭說：「對，如果人工智慧有一天發展到這個地步，機器對我們而言變得和人並無二致，我們也應該在道德上往比較確定的一方偏移：錯將物品當作目標自身來對待，好過將目標自身錯認為物品來對待。我們不確定的時候，我們應該將機器人當作人一般對待，有疑問時站在機器人那一邊！」

「目前還差得遠，」奧古斯丁指著另一篇報導，「機器人越來越具備智慧——目前通常是人工智慧——但是他們尚未通過圖靈測驗！」

「什麼測驗？」馬克斯發出疑問。

「圖靈測驗。這裡寫著：在一定時間內，讓一個人類受測者和機器人及另一個人交流，如果受測者不能指出哪一個是機器人，哪一個是人，那麼機器人就通過測驗。艾倫．圖靈認為，在這種情況下，我們應該將機器人劃歸人類，並且以此認定機器人具備意識，這個論點當然受到正反兩方的討論。不過直到目前都還只是理論，因為雖然人工智慧近來越來越好，卻還沒有機器通過這個測驗。至少對話是自由發揮，而非有固定主題的時候，沒有機器能通過。我們和機器人直接接觸時，我們總是很能辨識出對方是機器。

數學家艾倫．圖靈於一九五〇年建議一個程序，可判定某個機器人在「模仿遊戲」當中有多好，後來就形成所謂的「圖靈測驗」：人類受測者在一定時間內，透過鍵盤，而且沒有任何影像和聲音，和一個機器人及一個人類交流，但不知道哪一個是誰。最後受測者要指出哪一個是機器人，哪一個是人。要是受測者說錯了，機器人就贏了「模仿遊戲」。圖靈本人預測，西元兩千年時會發生機器人能贏得百分之三十的遊戲。要是他還活著，他可是會大失所望：人工智慧領域雖然蓬勃發展，但還沒有機器人能達到百分之三十的里程碑（雖然有幾個例子，但是討論呈現兩極）。圖靈測驗**究竟**想測試什麼，從測試結果可得到什麼結論，在哲學界一直飽受爭議：機器人通過測試之後，我們該認定機器人有思考能力嗎？繼之也可說具備意識？會產生哪些道德及社會後果呢？

「上面也寫著應該注意什麼嗎？和機器人對話，和人對話，兩者有何不同？」艾瑞絲舉手發言，一邊靠向奧古斯丁好瞄一眼那個報導。

「上面沒寫這麼仔細，」他回答，「也許視情況而定？有時其實很簡單：和人類相反，機器人就是無法回答某些問題，也不會靈活應對談話中各種可能的表達方式。但是有些情況下，受測者也許根本無法仔細說出其中差異，只是有種**感覺**，亦即真切感，他們和人交流時，對方理解他們說什麼，而非只依照對話程式。如果不真切，就有種造作感。」

「但我們是否能區分機器人和人類，以及當我們再也無法分辨時，道德對我們的要求是什麼，這和機器人是否真的像人一樣具備意識是不同問題。換句話說：機器人的行為是否像人一樣，也就是說是否**顯得**具備意識，並不十分能說明它是否真的具備意識。」西蒙讓大家思考。

「是，的確如此，」伊曼紐回答：「但是意識的存在並沒有證據，依我看來根本不會有！以我們自身而言，我們確信：我當然知道我具備意識，但是我卻不太能證明別人具備意識。要是他人能看進我的腦子，他們只會看到灰質——經驗上無法驗證意識。認為腦子與心神同一的物理主義者會進一步細分：**至今**尚無法證實。但我認為意識絕對無法『從外界』加以證實。我對他人**顯得**有意識，他人對我也**顯得**有意識，因為我們非常類似。但我們卻不能經由感官感受，或者甚至由理論推斷他人的意識。我們彼此認定對方具備意識，非常自然，而且通常未經深刻思考——然而依舊只是預設。」

「那你現在的重點是？」西蒙做出懷疑的臉色。

「我想說的是，你對問題的區分是對的：某人在互動中對我們**顯得**有意識，他並不因此就具備意識。但是沒有其他方法可證實其他人具備意識，既不能證明人的，也不能證明機器人的。我們因此必須依賴這個表象，不管喜不喜歡，即使它原則上有缺陷。機器人至今對我們顯得不具備意識，但要是有一天情況改變，就像雜誌裡談到的電影所假設，我們在道德上為謹慎起見，應將機器人如人一般對待。我於是覺得索倫的想法也正確：那麼也就沒什麼充分理由，一開始就排除和機器人的愛情關係。」

「哈，我覺得挺困難，」西蒙還不滿意，「為什麼表象這麼重要？你們真的認為情況因此徹底不同嗎？如果機器人**幾乎**顯得具備意識，會怎樣呢？在大部分情況下，我們似乎和一個主體打交道，當我們和對方的互動不知怎地感覺有點造作，卻很少讓我們起疑。那麼我們還可以將機器人像物品一樣對待嗎？但這多少有點奇怪，要是這麼小的差別卻造成這麼大的道德差異……我不知道。我覺得我們應該換個方式處理這個主題。我們必須思考意識究竟是什麼，以及一塊鐵板和電線做出來的非生物是否能發展出意識。即使無法個別證實意識，對意識本質的這類普遍思考卻是可能而且重要。」

伊曼紐沉思地靜默。西蒙稍等了一下，但伊曼紐一動不動的時候，她大聲說：「現在我還有另一個問題！索倫的出發點似乎是愛無論如何都是好的，我們不應該太過謹慎而錯過它。蘇格拉底一開始也說過類似的話——愛是莫大幸福，是神給人類最大的禮物云云。這些說法到底對不對？你們都接受嗎？」

「等等，愛和良好生活之間的關係真的是新話題，」奧古斯丁表示，「我認為值得為這個主題另開一場集會。」

他手撐著桌子好起身，然後開始收盤子。「我們對愛與機器人的探討還有很多未定論，我確認一下：因為我們認定物品不是適當的愛的客體，也因為物品不能給予愛，所以一切取決於一個問題，就是機器人是否為物品。我們拿主體和物品相對立：主體是具備意識的生物，亦即擁有觀點，進而對世界具備特定心態，有自己的生活。似乎有個共識，也就是人必須**至少**是主體，才能成為愛的客體。但具備主體性是否已經足夠，或者必須也擁有愛的能力，對這個問題還有不同意見。有個論點是愛必然想得到回應。任何形式的期盼只有在它們至少有可能被滿足的情況下，才是恰當的期望。無論如何，重要的是先判定機器人是否具備意識。它們似乎還不具備，目前尚未通過圖靈測驗。但是我們討論到，要是有一天它們通過這個測驗會怎麼樣。我們在這種情況下就有理由將之視為主體，就因為它們顯得是個主體嗎？還有：那麼我們會有道德義務接納它們進入人類社會嗎？未定的論點因此包括：某人何時確實成為愛的客體？還有我們如何確認機器人是否具備意識？我們可仰賴哪些證據？」

「謝謝，奧古斯丁，非常有幫助，」西格蒙德折起他的餐巾，「我知道，偏偏是我又來談論性愛說明一切——但是你們不談，只想把性與愛分開，雖然兩者顯然相關，而且這是個重要主題。所以，再想想性：性愛機器人如何？它們越來越受歡迎。起初會想：在這種情況下剛好顛倒過來：只要機器人是物品，人就可以為了任何可能的性目的使用它。不過一旦它不只是物品，可能具備意識，那麼很快就會有問題，而且跡近性虐待，至少當性愛並非合意發生，不是嗎？」

「你說『起初』，但接下來就不一樣了，不是嗎？我也這麼想……」伊曼紐表示。

「是的，我也思考著，使用性愛機器人是否真的那麼沒有疑慮，即使它們還在物品的位階。這種自動化洋娃娃的吸引力在於它們大幅啟發我們的想像力，讓我們容易想像它是真正的主體，雖然我們其實知道並非如此。在性當中，想像力扮演重大角色，因此至少人類的性絕大部分發生在腦子裡。現在的問題是，想像機器人是個人，是個主體，同時完全控制它，而且沒有面對真人會設定的道德界限，這是否合宜。」

「你對道德有興趣，西格蒙德！」伊曼紐有點學究式地讚美他。

「當然！大家以為我對道德問題無動於衷是個誤解。我只是不會那麼快評判他人，而是先試著了解他們。性對道德而言很有意思，原因之一是性典型地伴隨著幻想，人不太能控制這些幻想，它們被無意識操縱，和童年早期的恐懼及歡愉相關。還有這些情緒在當時所形成的聯想，日後沒有經過分析就難以理解。因此性對你而言是那麼可疑，我親愛的朋友。」

伊曼紐尷尬地望向旁邊，喃喃地說：「不只這個原因。就算沒有幻想，性也經常帶著剝削性，讓另一個人委屈成達到自我滿足這個目標的手段。只有在非常特定條件下才能被允許——合意還太弱了。必須要有正確的合約，上面載明伴侶雙方是完全平等的行為者，並且協議，雙方允許以這種方式互相利用。」他顯然覺得這個話題不怎麼愉快。

艾瑞絲挺身相助：「哎呀，我不認為我們一定要把性當作手段來使用，」她輕鬆地說，「性根本不否認其他人是主體以及目標自身。性有時甚至可以表達這種認可，例如當性出於愛的時候。另一個人對我們能產生的吸引力同時針對精神和身體，這種吸引力經常剛好因為無法取代的個體性被洞見，我說『洞見』完全就是字面的意思：人用心神眼睛**看著**對方，看到對方心靈之美——用蘇格拉底的話來說——而且想要儘可能接近對方，沉浸在對方身上。不一定合而為一，不必如之前提到的阿里斯托芬的神話，因為人不想變成另一個人，而是陪在一旁——否則就喪失彼此獻身遊戲的張力。**在某些情況下**，性卻一定是道德錯誤。我也認為，不只因為不是雙方合意，而是只要兩人之一不想要，而另一個人知道。同意只表示准許對方去作自己可掌握的，不一定暗示也想要這麼做。要是我准許奧古斯丁借用我的筆，這遠非意味著我也**想要**他借用我的筆。也許我暗自希望，他不要利用我的許可。」

奧古斯丁驚恐地把原子筆推給她，他原本都用這枝筆做筆記。艾瑞絲把筆推回去，笑著說：「只是舉個例子，奧古斯丁！你可以拿著我的筆，隨你心之所欲！我甚至請求你這麼做！我的重點只在於：就性而言，重要的是雙方想要，更有甚者，雙方都想要對雙方都很**重要**，對吧？否則性就有問題——而且也沒有意義。如果伴侶之一不真的想參與，甚至根本沒有興趣，要如何感覺那種張力，而且真的彼此碰觸？」奧古斯丁顯得鬆了口氣，但接著用原子筆敲著桌子，警告說：「性總是這樣——讓人分心！我們剛剛明明在談機器人！你們怎麼看西格蒙德的憂慮？」蘇格拉底開始協助他清理，兩人把杯子放到托盤上。

艾瑞絲繼續說：「的確，抱歉，西格蒙德的憂慮——我其實只想說，我也有相同的疑慮！因為想像性愛當中的機器人是個人，而且這人被強暴之類，也就是違反他的意志而發生性關係，不知怎地就顯得問題重重。只是要解釋這種印象一點都不容易：以純粹想像而言，沒有人會對其他真實存在的人造成這種痛苦，當然可以一直設想，機器人是個物品，而非具備意識的主體。我們的不自在感怎麼來的？」

「也許畢竟傷害某人。」西蒙說：「不是特定某個人，而是我們每個人，因為如果某人想像的時候感受到歡愉，把某個人想成純粹的工具來使用，覺得其中有些什麼吸引他，有魅力，這種心態莫名地傷害到我們每個人，我們的尊嚴被激怒。某人覺得有吸引力的東西並非無關倫理，因為即使從未將此一心態以具體行為表現出來，對主體依舊產生影響——將他帶入特定情況，讓他感受和想到一些事物等等。精神態度未曾沒有後果，反而一向都強而有力。」她從幾乎見底的杯子喝了一口酒，「此外我刻意用『他』，因為至少迄今大部分的性愛機器人都是為男性而製造，比照女性軀體塑造，曲線配合色情工業。」

「性愛機器人有個潛在的好結果，現實存在的女性必須承受暴力經驗會比較少……性愛機器人可能相當滿足這些暴力幻想。即使妳是對的，想像的暴力令人厭惡，這種厭惡還是遠比對現實暴力的厭惡小。這對性愛機器人的製造會是正面論點。」西格蒙德延伸思考。

「這必須經過實證檢驗，我是指後果是否真是如此，還有性愛機器人是否不會反過來降低真實暴力的情緒臨界值。這方面已經有研究問世了嗎？」西蒙環顧四座，但沒有人對這方面有所了解。奧古斯丁又坐下來，自告奮勇地查閱報紙。

「有一點倒是相當清楚——**愛**和暴力並不相容。」艾瑞絲說。「這並不表示愛戀者永遠不會對所愛之人施行暴力，只表示他們不會**出於**愛而這麼做。就像出於愛的謀殺並不存在，暴力依然發生，和愛對立，因為愛戀者除了愛之外還有其他動機，這些動機經常和他們的愛互相矛盾。」

「因為愛本身總是想為愛人做好事嗎？」蘇格拉底提問。他耳朵一下子立了起來。

「你畢竟注意聽著。」艾瑞絲微笑著。

「我當然聽著，我想仔細思考整個討論。」

「我們又要整理一下！」伊曼紐拍拍手，「目前只有一堆主題和問題瀰漫在室內，我們循序推進。接下來我們討論愛與幸福，像西蒙剛提的建議。之後討論愛與道德。你們同意嗎？」他起身從奧古斯丁手中接過一疊盤子，用另一隻手拿著放杯子的托盤，朝門口移動。他出人意表地保持良好平衡，索倫急忙拿起一個還在桌上的酒杯跟在後面，不小心碰到他的手肘，托盤被翻倒，杯子掉在地上摔破了。「啊，哎呀，對不起，啊……」索倫因為碎片而無助地跪下，只想消失不見。伊曼紐在他身旁跪下，把手臂放在他肩膀上，一邊取樂地也讓那一疊盤子掉落地上。「謝謝你，索倫，這些餐盤早該換新的，我們都知道一堆碎盤子會帶來幸運①。」

① 譯註：有些西方文化視打碎盤子為幸運之兆，類似我們會說「碎碎平安」。

第 *6* 章

愛情會限制我們的自主性嗎？

Schränkt Liebe unsere Autonomie ein ?

西蒙·波娃分析父權體系下的愛，
展開對愛與幸福的熱烈討論。

掃把被重新放回角落，碎片都被清除之後，蘇格拉底宣佈新一輪討論開始：「現在是討論幸福和不幸的時間，在這個慵懶的中午時刻，疲累張開它的網。」

西蒙有點迷惘地看著他，她不那麼確定自己該等一下，還是應該開始說話。伊曼紐閉上眼睛一下下，在從窗戶射進來的陽光裡假寐。然後他振作起來，說：「喝幾口水，然後我們重新前進，我的朋友們！兩小時後我會出門繞著街角散個步——當然歡迎有人陪伴，要是有人想一起來的話。但是在這之前：西蒙，請對我們說明你的疑慮。」

西蒙站到主講位置上：「很簡單，」她開始說：「我們究竟為何認為愛是好的？愛其實經常讓人相當不快樂，愛人沒有回應我們的愛，或者遭遇什麼事，甚至死去，愛戀者就承受可怕的痛苦，再也無法在其他事物上集中精神。今天早上我們討論無可取代性的時候，這一點就已經成為話題。愛讓人脆弱。」

「但是愛人在身邊，並且得以與之分享生活，人所體驗的幸福，比起這潛在的痛苦畢竟值得。人陷入愛戀就面臨風險，但沒有風險就沒有好處，對吧？」艾瑞絲這麼說著，然後倒了一些咖啡。

「才不對！」奧古斯丁介入，「愛上帝的人並不承受風險，人不會失去上帝，因此人可以完全沒有恐懼和痛苦地喜愛上帝。所以我認為，我們應該只愛上帝，忽略世俗財富。哎呀，也出於我今天早上已經發表的理由。」

艾瑞絲看起來正在沉思，但在她能說些什麼來回應之前，西蒙又主導發言：「嘿，我還沒說完呢！我現在談論的只是對其他人的愛，奧古斯丁，因為上帝之愛的可能性對一個無神論者如我並不真的有任何幫助。如我所說，對人的愛讓人脆弱，因此有風險，不管是情欲之愛、雙親之愛還是親密友誼。特別是情欲之愛確實隱藏著更多風險，必須加以思考。因為即使一切都算順利，做為情侶在一起生活，不想失去情人，會導致人迷失自我。在愛裡有兩個相反的趨勢：一個強化並促進愛戀者的自主，另一個剛好導致相反的結果，動搖他們的自主性。愛戀者一方面想彼此交流，彼此激發，在兩人關係中感到開心，因此兩人都必須有自主性。另一方面他們有個傾向，想和愛人合而為一，去想去做對方所想所做，而且並非因為經過反思，認為那是正確的，只是因為這所思所為出自對方。」

「這不是……」

「還沒完，伊曼紐！」西蒙大聲說，防禦似地把手掌朝著他張開。「在特定情況下，第二種傾向特別有影響力，佔了上風，好比在以壓迫為特徵的社會裡，父權社會是其中之一。男性在其中被視為真正的主體來對待，他們可以發展自我，變得自主，而女性只能從陪在男性身邊而獲得社會認同。女性不被期待擁有獨立生活，而是應該找到一個有魅力的男性，然後參與他的生命，能在他的成長道路上支持他。其中包括帶大孩子，操持家務。女性無法在這個社會裡確實發揮她們的天賦，加以實踐，頂多當作娛樂嗜好，相應地，她們經常感到沮喪和無聊，尤其當孩子們離家之後。當作對抗這種沮喪——以及這些痛苦——的處方，她們投身於愛。她們完全為丈夫奉獻，做為回報，丈夫必須**為她們**而活，出人頭地，事業有成。他越強而有力，翅膀被剪的她就感覺越好。可說對他的愛強化了她的社會無力感，甚至，使她成為自我壓迫的共犯。在這種情況下，拒絕愛，或至少不和男性維持傳統關係對女性而言真的可能比較好。因為首先，自主和愛是同等的善，就算不是更高的；在上述情況下，人卻失去了自主。第二，愛因為喪失自主性，反正都會被阻礙：對愛人這般依賴無法長久維持有益，要是最後男性根本不像所期望的那般強大，或當他失敗，對沮喪的妻子而言，他就不再發揮他的功能。當女性再也不珍惜自己的想法，只為了男性而勤奮，於是也隨著時間越來越無趣，男性覺得她不再那麼有吸引力，然後愛就成為過去，但愛本應是救贖。」

西蒙動人且堅定地發表她的想法，其他人紛紛從沉浸當中醒來，有如西蒙的身體張力讓他們挺起身來。這時大家開始討論。

「那麼你想說的是：愛戀者一直都有自我付出的傾向，會為了愛人放棄自主性。在父權社會中，這種傾向更被強化，使得它暢行無阻，特別是和男性維持關係的女性。尤其糟糕的是愛戀者不只因此失去自主性，最後也失去愛。因為沒有自主性的愛無法長存。」伊曼紐做出總結，西蒙點點頭。

「我打斷你的時候，你本來想說什麼？」這時她寬容地問伊曼紐。

「噢，沒什麼特別的，而且是我打斷你的發言，請原諒我！」

「你們瞬間變得多規矩啊！」西格蒙德做個鬼臉，大家都笑了。「但是你現在想說什麼呢，伊曼紐？」

「我只想說，這棘手的傾向，對愛人產生認同，想和愛人合而為一，或許和可能失去愛人的恐懼有關。因此我們越來越依偎在一起，潛進他的思想和行為，有如那是我們自己的。我們於是有種感覺，越來越把他帶著走，並且前往任何他所在的地方，因為我們正變得和他**一樣**。之前討論的脆弱會是一切惡的根源，而非分開的主題。」

「有可能，」西蒙回答，「那麼就是失去愛人的恐懼導致自我摧毀的傾向，在這種情況下，自我摧毀傾向不僅在情欲之愛，而是在任何人與人之間的愛當中都會出現，因為愛讓每個人以相同方式變得脆弱。是啊，何不呢，也許就是這樣，也許每種愛都有這種自我摧毀的趨勢。但重點是：父權體系的不公平導致此種傾向佔上風，至少在女性內心。」

「根據你的分析，男性要是和女性保有愛戀關係，他們也會有這種傾向。」艾瑞絲提出相反看法。

「是的，當然，父權體系對男性也不利。不僅基於這個理由，也正因如此。」西蒙補充。

「父權社會尚未被超越，女性和男性應該就此保持距離嗎？不容易……至少對異性戀而言。性衝動是種強烈的衝動，壓抑它通常會出差錯。」西格蒙德警告。

「哎呀，異性戀，同性戀，我不確定是否真的如此壁壘分明。我也可以愛上女性，我相信這只是練習的問題。我們必須學習擺脫社會設定的欲求模式，接受各種人對我們都可能產生情欲作用，不僅所謂的男人，或是所謂的女人，還是所謂的兩者之間。如果父權體系一天未被克服，不和男性維持關係對女性比較好，那她們就去愛其他女性！」艾瑞絲釋放地搖搖頭。

「或者她們發現某種和男性共同生活的方式，能儘量降低自我犧牲奉獻的風險，好比典型的中產階級家庭並沒有什麼益處。至少女性應該在經濟上獨立，防禦自己的腦子，認真對待自己。這表示要教育自己，讀書，即使困難的事物也要徹底加以思考。而且去工作。」西蒙補充。

「我……我……自主真的那麼重要嗎？」索倫突然冒出一句，「你們所說的自主聽在我耳裡就像喜劇式幻想，像個笑話，還有你們想像的自主生活，其實不會讓人幸福。你們真的認為，要是去工作而非陪在孩子身旁，一切就沒問題了嗎？」

「你必須更仔細解釋！」蘇格拉底喊著，他破例地坐在一張椅子上，此刻興味盎然地把手肘撐在桌上，下巴托在手掌裡。

「你們說著自主，有如那是世間最簡單的事，」索倫闡述下去，「控制自己，掌握自己的思想和行為，但創造自己是那麼荒謬，人不能創造自己，我們不是完全掌控自我就算是自由，只要想想我們最深刻的信念，以及——是啊，想想我們心裡對某個人的愛。這些是成就我們的狀態，屬於最深層。但我們剛好被吸引、被操縱進入這些狀況，我們既未選擇信念，也未選擇要愛誰。計算的時候，我們不是那個決定二加二最後等於四的人，而是當我們走完計算步驟，我們只能相信這個結果。我們被真相牽動，其他信念和愛也是同樣的情況。我們不能決定是否去愛特定人士，當上帝的慈悲降臨，祂為愛打開我們的眼睛。在下一步，涉及是否活出這個信念以及這份愛的時候，是否與之同行，把它們像禮物一樣收下，或是拒絕的時候，我們才做出選擇和決定。追求完全自我控制，以此當作生活指標——噢不，這會是個可怕的誤解，讓人哭泣的喜劇，多麼浪費！」

「索倫，你扭曲我的立場，」西蒙尖銳地回應，索倫瑟縮起來。「我並未宣稱自主是完全自我控制。基本上，我們根本尚未仔細審視自主的本質，其實我們從理論前的理解出發，根據這個理解，自主意味著保持頭腦清晰，不要變得依賴他人，尤其是精神上。這和你所說的相容，或者不合？如果你是對的，自主在於有意識地對我們所處內在狀態做決定，父權體系社會中愛戀的女性失去的正是這層意義上的自主。她們不再依照自己的信念決定生活，因為她們過度以丈夫的信念為導向，讓自己的信念被忽略和萎縮。她們甚至不重視自己的愛，無意識地以她們的結局來冒險。教育和工作可以加以反轉，但一定還有其他可能性。而且這一切當然還不是通往幸福的直接途徑！這些是助力，讓人試著從壓迫和因此造成的自我疏離將自己解放出來。我們如果生活在一個公平的社會裡當然是最好，每個人在其中都多少被認可為主體，愛情關係對女性沒那麼危險，這時也許會獲得幸福，可以不須戰戰兢兢地去愛，同時保持清晰思考。畢竟在愛戀之中也有強化自己和愛人自主性的傾向，在公平的世界裡，這個傾向擁有開花結果的良好機會。」

「的確……」蘇格拉底又把頭來回擺動。「但索倫的確提出一個有趣的觀點。我們應該更仔細思考自主的本質，才能進一步評估它的價值，以及它和愛之間的關係。」

「要是我們還不知道某物到底是什麼，就無法確認某事物有多珍貴，不是嗎，我親愛的朋友？」艾瑞絲朝蘇格拉底的方向咧嘴一笑。

「完全正確，知道某物一向佔優先順序！」蘇格拉底說著，一面開心地搓著雙手。「那麼，自主是什麼？我必須承認，我有時會想，心靈是不是自動的行動者，我指的是心靈能從自身出發而動，而不必由外界觸動，不像物質體。」

> 在柏拉圖的〈費德羅篇〉當中，蘇格拉底認為心靈是「自動的行動者」，以此為基礎立論心靈不滅。他的想法是：相對於身體，心靈要有所動並不需要外界的刺激，而是可以自己行動，也就是說從內而外。這當然使心靈不依賴外在世界。

「要是相當廣義地理解『作動』，那麼心靈相應的即屬自主獨立，能高度自制。心靈因此依賴對善的想像，因為這種自主行動者——也許**只有**這類自主行動者——會自問該如何生活。但或許索倫說得沒錯，對心靈的這種理解有問題。要是柏拉圖此刻在這裡，我們就能討論這個問題了！但可惜他此刻不在這裡，很典型。不過其實我想指出的是其他的——索倫的發言讓我想到，反正可以無視自我控制來思考自主。」

柏拉圖在他的《對話錄》當中幾乎未曾出現，雖然他在真實生活中當然一直和蘇格拉底對話——畢竟他是蘇格拉底的學生，而且敬愛他超過一切。描述蘇格拉底飲下毒酒的〈斐多篇〉明確指出柏拉圖不在現場：柏拉圖據說病得太嚴重，無法參與最後的對話。

「你將信念納入考量，索倫，你是對的，在某種意義上，我們並不能控制我們的信念，我們只能相信在我們眼前呈現為真的事物。但信念和普遍想法的形成卻可以是自主的，但並非在所有情況下。接下來就刺激了，看看下列三個例子，第一個情況是某人思考二加二是多少，然後得到的結果是四。第二個情況，某人思考二加二是多少，他的老師在他耳邊說四，他不明白為什麼，但是他相信老師。第三個情況，某人思考二加二是多少，想出來的結果是三。我不知道你們怎麼看，但以我的觀點，只有第一個人自主思考。其他情況下，他們的思考過程都被『外界』干擾，不能歸納成自己的行動。第三個例子也是如此，因為錯誤是分心或疲勞等的結果——就像思考時老師在耳邊低語，是塊絆腳石，他們的思考因此停滯。那麼第一個例子有何特殊之處？為何這個情況是自主思考？不只因為這個人最後有真實信念，因為第二個情況中的人也有，而是在於他理解為何四是正確答案。我們若是問他，他能向我們解釋為何二加二等於四。因此我的建議是，思考如果不受阻礙，而且達致理解——理解正在思考的事實，那麼就是自主思考。因此我也贊同西蒙的看法，她主張自主讓人快樂，或至少是快樂的根本部分。因為我一開始就提過，我認為幸福在於智慧，在於**理解**理型。」

「那麼自主和愛的關係如何？」伊曼紐提問。

「我認為我們首先應該區分兩個問題，也就是其一，鑑於人無法控制和主動選擇愛的事實，我們能否自主去愛。其二則是如果有愛，那麼整體來看對愛戀者的自主是好是壞。」

「在我看來這是理性的觀點。」伊曼紐贊同。

「如果能自主思考，並且沒有控制自己的思考過程，以及信念的形成，那麼就愛戀的情況也沒什麼可反駁，」蘇格拉底繼續說：「然後我們可能自主去愛，只要我們理解為何愛人這般值得珍愛，因為理型在愛人眼中照耀，你們還記得嗎？至於第二個問題，我的答案不會出乎你們意料。因為我相信愛戀者彼此協助對方記起理型，並且以這種方式理解何以世界是這個樣子，愛必然**有益於**愛戀者的自主。以我的觀點看來，愛也不會真的讓人脆弱：**沒有**愛讓人更容易受傷，因為人在黑暗中摸索，並不真的理解什麼，也不理解自己。人於是受制於強大作用之下，這些作用力消耗一生的時間，奪走幸福——好比各種企求，追求錢、權力等等，還有假神祇的耳語。即使如此，我還是贊同西蒙的幾點看法。有些社會狀況會妨礙愛戀者重新記起理型，在不公義的社會裡正是如此。為了給自主和愛一個機會，我們必須為了公義奮鬥。」

「我們之後再詳談公平正義！」伊曼紐堅持議程。

「等一下，你們究竟為何沒有做些什麼反抗父權體系？」即使如此，艾瑞絲還是發問。她從蘇格拉底望向伊曼紐和奧古斯丁，接著看著索倫、西格蒙德和馬克斯。他們沉默下來。

「我們的眼睛瞎了，」伊曼紐最後回答，「於是發生不公義。我們把不公義當作常態，以為它符合事物的天性。不僅是父權體系，我們對性別歧視、種族歧視、恐同、厭惡跨性別視而不見，我們允許並支持階級差距……哲學並未讓我們倖免，有些偏見如此根深蒂固，需要好幾個世代的努力才能消解。」

蘇格拉底垂下頭，奧古斯丁低語：「我想我們需要暫停休息一下。此刻我們實在沒辦法繼續討論。」

「不行，先生們，我們依然必須繼續討論。哲學畢竟有幫助！舉例而言，你賦予每個人尊嚴，伊曼紐，這是給每個人的防禦裝備，每個現在為正義奮鬥的人。」艾瑞絲反駁。

西蒙贊同她的意見，拿起水瓶，走到桌邊，好幫所有的人加水：「我們必須謹慎，不要忽視自己的偏見。根本沒那麼容易，因為偏見通常不被意識到。只有極少數人能看穿自己，甚至當偏見非常清楚地和自己的理念相左！人必須互相協助。」兩位女士堅持討論應該繼續，所有的人因此振作起來。

有一系列的心理實驗佐證，除了非常明確的偏見之外，還有所謂的「隱性偏見」（implicit biases）——亦即無意識的偏見——廣泛擴散，針對特定社會邊緣族群。例如，即使清楚深信女性就像男性一樣擅長科學，卻可能下意識抱持另一種看法。無意識偏見的危險在於，它也一起左右一個人的行為，人本身卻沒注意到。因此繼續研究「隱性偏見」這個現象有其重要性，也因為可藉此發展出解決策略。

「伊曼紐，自主大師，你認為蘇格拉底的想法如何？」艾瑞絲重拾話題。

伊曼紐稍微皺起額頭，一邊集中精神，再度思考主題。「嗯……關於自主的本質，我基本上和蘇格拉底的意見一致。自主的人是自己的規範者，自行決定要做什麼，不會隨便盲目跟從統治者或類似人士的指示。但這卻不意味著他們的行為隨著自己剛好感興趣的方向，或者恣意地下決定。這會是所謂的放縱所欲，因此就像臣服於統治者一樣不自主。為自己定下法則意味著不讓自己被其他人、事引導，只接受自己對自己該做的事情的洞見。其他動機對我們而言終究是陌生，來自我們本身以外，甚至是我們把自己推來推去的傾向。這些不是**我們**，不是我們有意識的、思考的自我。自主因此不在於事後的認證或決定自己的內在狀態，如索倫所建議，如果我正確理解他的話。」

索倫睜大眼睛看著他，保持沉默，使得伊曼紐無計可施，只能繼續說下去：「這個決定必然是思考的自我得到的結果，因此奠定在洞見之上——蘇格拉底對『錯誤』的想法是正確的。但是，人應該自行決定特定內在狀態，此一洞見當然只能是認定這個狀態正確的洞見。換句話說：就是對信念或是行為準則自身真相的洞見。」

「但是你對愛還沒有發表任何意見，伊曼紐。」蘇格拉底提醒他。

「因為我覺得困難。」

「但同時你沒有更想要的！」西格蒙德大聲說，剛好打中伊曼紐的痛點。

他展現他獨特的尷尬微笑，說：「是啊，你說得對，西格蒙德，**從前**我將排他的、人與人之間的愛視為來自外界的偏好，因此不可能是自主行為的動機。所以人既不能自主地愛，愛也不能促進自主。只要不將愛當作行為依歸，也不會傷害到愛，可是一旦投身於愛，出於愛而行為，人就不再自主。」

「現在你有不同想法？」蘇格拉底滿懷希望地挑高眉毛。

「至少有個想法糾纏著我，想到你可能是對的，愛其實不是偏好，而是本身就和對善的洞見相關。但是我還無法清楚掌握這個想法……」

「你們這些人！」馬克斯突然出聲，「現在我受夠了，我不想再討論自主了，我們原本想討論的是幸福啊！」

「是的，但假設，愛以及自主都屬於幸福，而人不可能總是同時擁有二者，因為它們在某些情況下彼此相斥——那麼找出為何如是，以及這些狀況為何，畢竟是重要的。因此這個討論一直都和幸福相關。」西蒙解說。

「說得好聽，但愛究竟為什麼對人的幸福如此根本？」馬克斯堅持，「最初這個問題曾被提起，但我們沒有真正深入探討。我們談到愛雖然使人脆弱，但是愛在某種情況下有助於使人變得自主。蘇格拉底甚至認為，藉著愛，人可以學著理解世界。還可以多說一點愛的益處嗎？」

「你有什麼想法嗎，馬克斯？是什麼燒灼著你的心靈？」奧古斯丁問他。

「要是伴隨著愛而來的脆弱正好對愛戀者有益，那麼會怎樣？奧古斯丁，你剛說過，我們應該愛上帝，因為我們在這樣的愛之中永遠不會失望，也不會被傷害。但我自問，上帝不正鼓勵我們變得脆弱。要是上帝想要我們愛其他人，而且免不了受傷，那麼就能這麼想。脆弱是種狀態，符合我們在人間的生命，如果以西蒙的用詞來說，是種真切的狀態。」

西蒙對馬克斯引用她的看法顯得驚訝。

馬克斯繼續說：「因為俗世一切並不真的屬於我們，一切隨著時間擺脫我們，時間不斷前進，帶走一切。」

西蒙插嘴說：「我們的功課會是學習放手讓其他人離去。」

「是，但還要更進一步：這也意味著去察覺，**何謂**離去，察覺那種痛苦。這代表著去理解對方無可取代，了解有這種價值存在。這樣的認知將我們從傷感中拯救出來，讓一切變得美好。愛戀者不問他們生命的意義何在，也許理論上會問，但不在實存層面。當人陷入愛戀，或是懷抱著一個孩子，這個問題的必要性就煙消雲散。答案一清二楚：看見這種美。」

「不脆弱就看不到……有意思。」西蒙思索著。「這麼說脆弱有兩面：它一方面對看清其他人的特殊及無可取代性必不可少，因此對隨著此一洞見而來的獨特幸福也不可或缺。另一方面會使人擔憂，誤導我們緊緊依附其他人，好比說，以可質疑的意義與之產生認同，正如我們適才所提及。」

「但是我覺得，接近美值得承受這些痛苦和風險。蘇格拉底說得對：沒有愛，一切應該會更糟。」馬克斯做出結語。

伊曼紐一下子躁動起來，把紙張弄得窸窸窣窣，翻找他的懷錶。嚴格說來還不到他散步的時間，但他依然站起身來喊著：「我去呼吸新鮮空氣，一會兒見！」他禮貌地向各方點頭，但沒再提起陪他散步的邀請。賓客面面相覷，不過還是接受他們的命運，等待康德回歸，伸展自己的雙腿。

第 7 章

人有權利要求愛嗎？

Gibt es ein Recht auf Liebe ?

索倫・齊克果吟詠博愛之歌，
一眾哲學家思索愛情是否不公平。

伊曼紐返回時，其他人已經又坐回位子上，抽出他們的筆。他快步走向椅子，開始咳嗽。西蒙把手放在他的手臂上，看著他，有如想問：「一切都還好吧？」

「外面吹著寒風，」他解釋。

「我可以幫忙泡茶。」艾瑞絲自告奮勇。伊曼紐有點無助地點頭，揉揉眼睛。他哭了嗎？

艾瑞絲不僅接手泡茶的工作，還有後續的討論。她在廚房泡好茶，給伊曼紐倒了一杯，然後把熱騰騰的茶壺放在桌上。接著她戲劇性地提問：「親愛的女士先生們，愛到底公不公平？」一邊做出小丑表情，「愛並不公平，」她的聲音變得嚴肅，「至少起初看來並不公平，因為我們只愛少數人，而且不一定是那些最需要我們的愛的人。我們將大部分擁有的資源給予愛人：時間、關注、情感及身體投入、金錢、庇護以及其他類似的。其他人難道沒有同等的權利，某些情況下甚至是更大的權利要求愛嗎？」

「要求我們的愛的權利，還是要求我們的資源的權利？」西蒙提問。

「兩者都有！雖然對愛的權利也許不容易捍衛。你怎麼想？我們首先從資源分配來探討，之後回到要求愛的權利。我們可以隨自己的心意給予我們的愛人這麼多嗎？我指的是就道德層面而言。」

「這應該取決於我們對資源分配的普遍評估，」馬克斯發人省思，「不公平的分配到底有沒有問題？而且也取決於被分配的是什麼，也許我們有道德義務，至少在金錢累積到一定數額時分給比較窮的人。好比，送給我們的孩子一個又一個昂貴玩具，只因為我們愛孩子，想讓他們高興，而其他孩子根本沒有足夠的食物，這就不對。於是我們應該寧可把錢捐給救濟窮孩子的機構。但是情感和身體投入是另一回事，至少第一眼看來，我們想擁抱誰，何時及多常擁抱，這些真的是我們自己的事。」

「但接下來的例子該怎麼看，」奧古斯丁這時舉手，「我們站在湖邊，看到兩個人落難掉到水裡：他們雙臂划動，大聲呼救，我們明白只能幫助其中之一，而且岸邊沒有其他人。我們必須盡快採取行動——我們該游向誰？我們嘗試快速做出公平的決定，我們想著，兩個人都擁有相同的權利要求我們協助，因此我們最好拋硬幣決定，或者讓水流決定。走近一點查看，我們卻突然注意到其中一個是自己的女兒，恐懼掐緊我們的脖子，我們再也不想那麼多，跳進水裡好救起女兒。如果不是女兒，而是我們親愛的男女朋友，我們也會這麼做，或者不會？」

大多數人點點頭。「那麼你得到什麼結論？」艾瑞絲進一步問他。

「以我的看法，這個例子顯示，當愛人面臨即時困境，愛戀者就不再認真思考公平問題。公平分配的問題於是和他們的行為只有很少甚至沒有關聯，而且這似乎是他們的愛的**一部分**：因為，如果一個父親還冷靜思考公平正義，在絕望中從湖裡救起陌生人，而非自己的女兒，我們難道不會懷疑父親的愛嗎？如果會，那麼愛就有個根本的道德問題。身為愛戀者無法只藉著不要贈送昂貴的禮物，而是把錢捐出去就簡單擺脫這個問題。請不要誤會我的意思：當然應該捐錢，人有道德義務這麼做，但是並無法因此解決根本問題。人在**緊急情況**會忽略道德要求，身為愛戀者無法閃躲，因為那是愛的一部分。」

「不知怎地，我覺得愛戀者在緊急情況偏向愛人根本沒那麼該受譴責……」西格蒙德大聲說出他的考量。

「沒錯，甚至可能以道德來辯護，合理化愛戀者在這類情況下拯救愛人，愛戀者大部分和愛人有特別的關係，隨著他們心照不宣或明白表示的承諾而來，承諾在困境中互相扶持。我們對陌生人沒有相似的承諾，就會讓天秤傾向愛人那一邊。但是當愛戀者拯救情人，問題根本不在於愛戀者做出錯誤的道德決定，如所說的，出於道德觀點或許甚至正確；問題反而在於他們**根本沒有做**道德決定，因為他們在這一刻並不在乎公平正義要求。因此，他們的行為如果合乎道德訴求也只不過是偶然。」奧古斯丁說明。

「所以問題不一定是他們做了什麼，而是在於他們的行為動機，也就是只想到愛人，完全沒有道德考量。」西格蒙德闡明。

「的確，這就是顧慮所在，」奧古斯丁點頭，「唯有當行為受道德正確的想法驅動，才認定行為是合乎道德的好行為，有這類想法的人都會覺得這種愛有道德疑慮。」他意味深遠地看了伊曼紐一眼，對方心有所感地聳聳肩。奧古斯丁繼續說：「即使是一般認為動機沒那麼重要的結果論者也應該當心：因為，在湖邊範例中，某人行為是否道德，任由偶然決定並不必然是找出最好結果的可靠方式。愛戀者在這種情況下根本不會只是**偶然**正確舉止。」

「但那不是可以諒解的嗎？要是我們的愛人遭遇困境，就像我們自己遭遇困境一樣，或是更有甚者：這些是情緒的例外狀況，人在其中無法清楚思考，幾乎依照本能行動。」西格蒙德緊追不捨。

「好吧，只不過：道德上可原諒並不等同道德上可允許。例如雙親出於愛在法庭上否認孩子犯罪，這或許可以原諒，可能不應被處罰，但依舊是錯誤。」

「如果愛戀者不是在愛人和另一個人，而是在好幾個陌生人之間做決定又如何？例如要不救起自己的女兒，要不救起上百名的一群人，但不可能兩者都辦到……」西蒙思索著，「我雖然能想像，許多愛戀者依然會救自己的女兒，因為他們只能這麼做。但是如果他們終究選擇拯救其他上百個人，也不一定表示他們不愛自己的女兒。我不想排除愛戀者在這些情況下能受道德考量引導，即使失去女兒對他們是無可言喻的痛苦。換句話說：也許你對愛戀者和道德之間的關係太過悲觀，奧古斯丁。」

「而且為愛擔憂根本不適合你！」蘇格拉底這時也想說服奧古斯丁，把雙臂高舉過頭。

「你說過的：『愛汝所愛，行汝所欲！』難道這不表示愛是種道德良善的心態？對了，還有，愛戀者其實**根本不會**做錯的事，不就大可放心地遵循自己的意志了嗎？真美妙！我懷疑，不能解釋愛為何充滿價值的道德理論必然是錯的。尤其是根據這些理論，甚至是朝反向推展！而且你們知道我為何這麼想：沒有愛，人就不能理解理型，沒有這些認知，人就不能合乎公義。雖然愛從極端專注在一個人身上開始，愛畢竟逐漸為愛戀者打開世界其他部分，教導他們從自身轉移關注——不僅相對於他們的愛人，也相對於其他人。你們怎麼想？」

「嗯，愛伴隨這絕對的擔憂：不論發生什麼事情，我在你身邊，愛戀者對著愛人耳語，而且是認真這麼想，不管**任何**事情。這種絕對性一方面可導致不公義，另一方面卻正是愛的特殊之處，我們之所以覺得它**美**的原因。而我們並不容易對美做道德評判。我們真的覺得美的東西，也會覺得那是好的。美學和倫理學判斷緊密相關……」艾瑞絲大聲說出想法。

「沒有愛的世界一定可怕而且不受歡迎，但是道德良善的世界卻會飽受期待，我們可以從中看出，一個道德良善的世界必然包含愛，因此愛並不必然不道德。」西蒙總結。

伊曼紐似乎慢慢恢復過來，至少他贊同西蒙的論點，朝著她微笑。在他能介入之前，奧古斯丁再度表示看法：「愛汝所愛，行汝所欲——這只適用於**真**愛，我所指的是對上帝的愛。真的愛上帝的人，確實能信賴自己的意志。因為愛上帝的涵意之一是將其他人視為自己身邊的人，這表示當作同樣的人，而且是面對所有的人。隨時注意所有的人終究都一樣——同樣充滿價值，但也有同樣的缺陷，因此仰賴上帝的恩典——祂必然是公義的。祂不偏愛任何人，如果祂站在湖邊，看到兩個人溺水，那麼祂會把兩個人都當作是祂的女兒。這種愛當然是一個道德絕對良善世界的一部分。有道德風險的只是排他的、人際之間的愛，將愛人置於其他人之前。」

這時索倫從椅子站起，轉向奧古斯丁，但眼光越過他看著桌面：「不，每種愛都包含一點博愛的微光，即使是排他性的愛。只要人們容許，排他的愛就會轉向正義，就像花朵朝向太陽。雖然他們的欲求起初經常以自己為基準，愛戀者想要愛人是為了自己，將愛人置於他人之前，這並不公平。雙親之愛、友情、性愛——這些都不能改變一切都是情欲，就像蘇格拉底說過的。但即使如此，這些愛也是神性情感，永遠不會只是情緒之一。這種愛令人從愛人身上認知到旁人，因此知道所有人類的根本平等。他看到其他人是人，了解這意味著他們是無可取代的生物，和上帝相關聯。沒有愛就無法理解這些。當愛這時發現愛人是個人，愛的對象其實是所有的人。**所有**的人都是獨一無二的主體而且無可取代：正因如此他們每個人都一樣，使他們成為身旁的人。

然而追隨這種愛，遵循這樣的認知去生活並不容易。我們如此被自己的困境和欲望所束縛，一再陷入和愛人建立俗世共同體的誘惑，而其他人在這個共同體裡沒有位置。我們因此不僅輕視被排除者的人性，也排除了愛人的人性，以及我們自己的人性。但如果以為真正純淨的愛沒有欲求和喜悅，這也是錯誤的想法。愛渴求愛人，讓愛戀者充滿幸福，但愛的渴求並非世俗性和自私的：愛想要愛人活著，因為對方陪在身邊而高興，但是愛不要圍牆築起的房子，以便住在裡面，把一切維持得井然有序。愛在另一個時間和愛人一起生活。」他突然開始唱歌：「醒來，那個聲音呼喚我們！守衛高高站在巔峰……」然後唱完整整第一段。他的臉漸漸紅起來，但還是勇敢地接著唱第二段：「錫安聽到守衛歌唱，心歡喜得跳躍，清醒過來，急忙站起。」以及其他段落。

索倫唱的歌《醒來，那聲音呼喚我們》是由菲利普．尼可萊（Philipp Nicolai）創作於一五九九年，是以約翰．塞巴斯提安．巴哈著名的同名大合唱曲為基礎。索倫．齊克果是新教徒，而且非常虔誠，他許多著作都在探討何謂過宗教生活。

西蒙煩躁地以手撐著額頭。其他人沉思著，聽著他唱。艾瑞絲做夢似地看著他，他唱完的時候，艾瑞絲說：「我們如何跟隨愛的要求……我們怎麼做？」

西蒙的聲音蓋過她的：「索倫的想法是愛首先被淨化，必須變成博愛，才能變成道德良善世界的一部分。但是我的論點的第一個前提是排他的愛，未被淨化，並且正如我們所認知的愛。換句話說，我們期望的愛，一旦缺乏就會讓世界顯得索然無味的愛，並不必然是博愛，而是這種據說有道德風險，以**世俗**意義而言貪得無厭的愛。因此這種愛必然也是道德良善世界的一部分。」

「沒錯，人類如字義要存活下去所需的正是這種排他性的愛。」西格蒙德附和她。「不僅值得期待，對我們實屬**必要**。例如有些心理學研究證實，缺乏雙親疼愛的孩子無法正常成長，比較沒興趣探索周遭環境，普遍有學習困難，很難建立穩定關係。缺乏愛經證實甚至有非常具體的生理影響：這些孩子明顯成長遲緩，即使他們的器官和營養等等都沒問題。他們生病的機率高很多，早夭。」他無奈地聳起肩膀。艾瑞絲吐出一口氣，聽起來像是一聲長長的嘆息。

事實上針對這個主題有許多研究，有些專門研究在醫院或兒童機構裡長大的孩童，又有些研究「非組織性成長不良」（Non-Organic Failure to Thrive）以及「心理社會侏儒症」（Psychosocial Dwarfism）。在雙親身邊成長但沒有得到足夠關愛的孩童也可能有這些症狀，他們的成長因此（根據推測）受到阻礙。要是相應地改變他們的生活狀況，他們通常就能相當順利地跟上發展步驟。最後還有和所謂「依附理論」（Attachment

Theory）相關的研究，探索孩童和雙親特定關係模式對孩童社會及智能發展的影響。在文獻章節有對這三個分支領域的進一步資料。

「但是要如何確認，這些測驗真的測出愛或沒有愛？」西蒙發問，「愛也許和特別好的照料相關，缺乏愛，照料非常可能比較不好，或許孩子們正需要這些高品質的照料，卻不必然需要愛。我是說，我覺得孩童真的需要愛雖然毋庸置疑——我只是好奇這些研究要如何加以證實。」

「確實沒那麼容易呈現。」西格蒙德贊同她的看法，「但是有些孩子的情況是他們在非常好的醫院或兒童機構裡長大，那裡的照顧無疑相當好，但即使在這些地方也可以觀察到孩童成長不良。他們似乎真的需要只有付出愛的人才能提供的關注和特殊照料，但是這樣的人卻不必然是親生父母。」

「我懂了，」西蒙點頭，「為什麼是這樣呢？關愛者的關注和照料有何特殊之處，使孩子因此需要這些？」

「剝奪愛導致對環境的漠然，這種狀態可能是條線索，」艾瑞絲思考著，「要是孩童被愛，他們比較有興趣學習，他們往各種方向伸出觸角，這種興趣驅動他們，給予他們動機，發展所有可能的能力，起初伸手拿小汽車，之後爬行和走路，解決所有可能出現的問題，當然也學會說話。相反地，缺乏這些動機，要解決這一切就困難得多，成長停滯，就像某種沮喪：對世界毫不感興趣，也消磨存活本能，減緩身體生長。」

「但**為什麼**呢？」西蒙把手臂向上高舉。

「我就繼續推測一下，」艾瑞絲的手掌貼著茶壺好暖暖身子，「慈愛的雙親本身就樂於和孩子們一起發掘世界……」

「對！」蘇格拉底激動地打斷她的話，「這不是和我的理論一致嗎，親愛的朋友！愛是和愛人對談、一起了解世界的渴望，慈愛的雙親對他們的孩子有這樣的渴求，他們從一開始就把孩子當作對話伴侶，渴望了解他們對這世界的觀點。孩子們回應這個要求，這些要求就像一種呼喚，一個渴求回答的問題。孩子們也接收雙親對自己的眼光：他們認知自己是個主體，自己的想法和表達有其分量，而且引起其他人的興趣。」

「因為其他人對我們對世界的想法感興趣，世界根本只因此才對我們顯得有意思？」西蒙發問。

「嗯，是吧，也許是這樣……」蘇格拉底搖擺著。

「我們可能直接想到，理解世界對人類而言並非目標本身，只是種和他人建立關係的方式。」西蒙繼續挑釁。

「哎呀，我怕你朝這個方向繼續思考，」蘇格拉底回答，「這是個有趣的假設，但你知道的很清楚，我必然難以消受這個假設。我已經將知識詮釋成幸福，因此也將之視為最終目標，甚至是唯一的最終目標。而且我不會改變想法。不過我可以贊同到一個程度——孩子被雙親所愛，被雙親鼓勵去理解世界。雙親慈愛的眼神讓孩子內心記起理型，以及記起自己是對理型飢渴的心靈而甦醒。」

「這對我們現在爭執的問題意味著什麼？愛是道德良善、惡劣、准許、鼓勵或禁止的，還有什麼？」馬克斯又不耐煩起來。

「簡短總結到目前為止的討論，」艾瑞絲認真對待自己身為主持人的角色，「我們自問，人與人之間的愛有何道德位階。一方面有理由置疑，因為愛戀者側重愛人的方式也許不盡然具備道德合理性。似乎就愛而言，愛戀者在特定情況下並不考慮道德問題。另一方面，我們思想上卻不容易將愛從道德絕對良善的世界排除——並且是排他性的愛，而不只是將愛人和其他人一視同仁的博愛。完全普通的雙親之愛、友誼和浪漫愛情有些什麼讓我們覺得充滿道德價值，無論如何讓我們想將之帶到這個美好的世界。可能因為我們需要這種愛以學習，因此間接地用以存活，尤其是被愛。但如果蘇格拉底說得對，那麼被愛和愛本身同等重要。更進一步說明：被愛，**因為**被愛的結果是愛。現在我們要克服這種不相上下的情況，如果可能，要對愛做出清楚的判斷。」

「你忘了，我們還想討論對愛的權利！」馬克斯補充，「尤其孩童需要愛以成長，那麼可以說他們有權利要求愛。人有權利要求相似的存活必要物資：食物、水、身體健全和健康基本照護等等。」

「每個人都有對他人要求愛的權利?!」西格蒙德挑高眉毛。

「不，當然不是，我們不能隨便走在街上，期待所有行人獨愛一個人。但好比每個孩子也許都有權利要求雙親的愛，也許之後每個人都有這樣的權利，雖然不是被所有的人，但至少被某個人所愛？因為被愛對人而言是重要物資，就算已經長大成人。」馬克斯詮釋。

「要是有權利要求愛，那麼也就有相應的義務，」伊曼紐認為，「因為如果有權利要求什麼，那麼必須能向某人提出要求。但至少剛才提到的排他性的愛，卻沒有人有義務提供，就連雙親之愛都不是義務，因為沒有人擁有控制權。『應該』隱含『能夠』之意。因為不管什麼時候想愛，人不能按個按鈕就能愛，人也不服膺任何義務去愛。」他稍微暫停，然後接著說：「至少第一眼看來……」

「你有很多不確定的事情，不是嗎？」蘇格拉底研究地看著伊曼紐，後者一動也不動。

「人的確不能簡單按個鈕就去愛，但這並不表示愛根本不受我們的控制，」艾瑞絲說：「人可以練習生活，而且舉例而言，至少雙親有義務去愛。除此之外，在大部分的情況下，沒有理由可說明為何練習會失敗。認真練習的人也將能愛。」她強調最後一句話的每個字。

「那麼該**如何**練習？」伊曼紐彎身向前，滿心期待地張大眼睛。

「哎呀……」艾瑞絲微笑，「我想藝術有幫助。」

「你這話什麼意思？」伊曼紐挪坐到椅子邊緣。

「等一下！」西蒙這時大聲說：「你們想像一下，每個人都確實被某人認真地愛著，那麼你剛才提出的湖邊困境會有解答嗎？」她轉向奧古斯丁。「這種情況下，所有的人都有困境中的特殊救星，陪在我們身邊的代理人，關注我們的舒適，不管發生任何事情。我們溺水的時候，他們是否剛好在湖邊——如字面所指或是轉義而言——純屬運氣，就像剛好在游泳地點的水流強度。不公平會因此就消弭嗎？每個人都能接收愛本有的特殊無條件協助。於是或者能解釋，為何我們得以讓排他的愛進入道德良善的世界，我們為何無須放棄這種愛，雖然它如所說的偏好愛人。我們只要安排得真的讓每個人都被愛……」

奧古斯丁皺起額頭，想加以反駁，但伊曼紐搶先他一步：「要是我們知道如何練習愛，可能真的能如此安排。艾瑞絲，藝術又是怎麼回事？」

第 *8* 章

愛的藝術

Die Kunst des Liebens

艾瑞絲・梅鐸說明何以我們必須忘記自己才能真的去愛。

艾瑞絲甩甩頭髮，把手按著太陽穴，短暫閉上眼睛，然後開始說：「這麼說吧，偉大藝術品的善在於使每個人能從自我抽離。要做到這一點不需要預備知識，甚至不需要相應的意向：藝術穿透我們，我們也一直自然而然地以藝術本身來觀察它，沒想著其他目的。這時容易發生我們進入沉浸的狀態，在其中，我們的注意力都停留在所觀察的客體上。我們的心神完全被吸納，煩惱和喜悅、歡愉、期待、恐懼，那些平常讓我們東奔西走的紛擾，這時暫停下來。也可以稱之為忘我，因為再也不被自己的事務所佔據。即使如此，這是人奇特地和自己在一起的狀態，其他一切都是自我疏離。有趣的是人在如此忘我時才回歸自我。

原因在於，這一刻我們客觀地觀看這個世界，現實進入我們的精神。在現實之中，我們覺得自己有所歸宿。通常和自己相關的日常事務侷限我們對世界的看法，還扭曲我們的觀點，將我們層層包裹在幻象的薄紗之中。例如，不是直接和我們相關的人，我們只看到他們的一部分，或者完全沒看到。相反的，我們害怕的人，或者我們渴望的人，或是我們對其有所求的人，我們透過有色的布幕來看他們。但是在前面提到的沉浸狀態下，這個面紗掉落，一切都清澈起來。

人們常說『愛令人盲目』，事實上愛不僅不會讓人盲目，反而讓人有所**見識**。因為愛上某人的時候，把對方看得清楚又客觀，就像剛才描述的，擺脫思緒紛紛的自我及其困境。愛隨著這特殊的關注而來，和沉浸在藝術當中十分相似。

這般看著另一個人卻不容易，因為人不能自發決定此種觀看：人無法控制，至少不能**直接**控制，因此也不能控制愛……我們先前已經討論過這一點。這層薄紗並不容易卸下，因為它讓自己不被認知為遮蔽的薄紗，我想說的是：我們並不知道我們對世界的盲點，否則就**不是**盲點了。我們雖然基本上認定我們都有這樣的盲點，但是盲點究竟在哪裡——什麼被遮蔽，以破碎的色彩粉飾，什麼沒有被遮掩——只要盲點存在，我們就不知道。即使如此，我們還是能做些什麼，不必無助地等待外力介入，等待某種啟蒙經驗。

我們不知道自己的盲點分別在哪裡，但是我們知道盲點的肇因：就是自我（Ego）。要是得知自我在哪些條件下會平息下來，停止編造，就能大幅協助啟蒙，產生**間接**影響。藝術就從這點介入——視覺藝術，但也包括美好的音樂和文學。藝術讓觀看者和傾聽者陷入沉浸的時刻，它們傳達了完全貼近另一個物體並且正確感知是什麼樣的感覺。此外還認識到自己集中精神的特有方式。越常接納偉大的藝術品，就越容易在其他情況下營造出這種狀態，直到這種觀看方式變成第二天性為止。接觸藝術能悄無聲息地轉變我們，從根本上。或許也可稱之為在愛之中的練習。」

「為何藝術擁有這股獨特的力量——能突然將我們從自身抽離，不需要任何準備或練習?!」西格蒙德似乎感到詫異。

「我想這是因為至少偉大的藝術本身是啟蒙經驗的產物：藝術家們重現他們在洞見時刻所感知的。藝術不簡化，不以一概全，也不提煉萃取，或者畢竟提煉萃取，那麼也和科學不同。藝術指出現實和每種單一情況的密度和繁複，特別是其他人的現實，因此它是關愛眼神的呈現。因為我們被現實吸引，就像蟲子被光吸引，我們隨著藝術家的眼光，讓自己被他們引導，直到我們就算沒有他們的協助也能充滿愛意地感知為止。」艾瑞絲解釋。

伊曼紐依然筆直地坐在椅子邊緣，專注諦聽著：「艾瑞絲，你說，愛伴隨著這特殊的見識而來，我從中推測，這不僅是種洞見？除了澄澈的目光之外，或許也包括激情？對愛人的渴求？」

艾瑞絲顯得猶豫不決，伊曼紐於是繼續說：「我只是自問，激情和無我如何共存，這兩項是你賦予洞見的特質。渴求難道不是一向以自我為中心嗎？如果是，那麼愛當中不就有無法消解的衝突？一方面是無我，另一方面是自我中心……」

「不必然，」艾瑞絲慢慢回答：「在沉浸的狀態下，人並非就再無企求，恰恰相反：在這種狀態下，我們經常才注意到所觀察的物體有多美好，而因為此刻沒有任何東西阻攔我們——世俗事務如會談、例行公事、職業規劃、義務和類似種種失去更多引力——我們直接對渴求做出反應，因為渴求是對美與善的適當回應。相反地，自我的欲求從不曾真正朝向美與善，而是最終只想緩和自己的困境，我們每個人都很熟悉這些困境，最後導致我們只關注自己，為遮蔽的薄紗提供織線。」

「所以至少有兩種渴求——客觀眼光的渴求，以及自我的渴求。你會稱第一種是**無我的**渴求嗎？」伊曼紐想明確知道。

「要看『無我』指的是什麼。」艾瑞絲用食指畫著桌面，就像畫一個看不見的圓圈。「一定有無我的渴求——例如完全只考慮另一個人的福祉，沒有其他考量，只期望對方會過得好。客觀眼光的渴求卻不必然符合這層意義而無我：因為對方的美麗和善良而有所求的人，一定也想要讓自己得到些什麼，想接近對方，讓目光繼續停留在對方身上，向對方伸出雙手。這種自我中心的形態卻沒什麼問題，因為並不會扭曲視線。即使如此，這渴望的根源仍在於愛人的現實，而非只想舔舐自己傷口的自我。激情和客觀因此並不必然互相排斥。」

「假設藝術幫助我澄清我的目光，在我觀察特定人士的時候，使我能客觀地看著對方。但是如果我在對方身上沒看到美和善，結論還不一定總是愛，對吧？

因此光是練習還沒有效果，還必須夠幸運，遇到正確的人。」西蒙想澄清。

「每個人畢竟是良善美好的。」艾瑞絲用堅定的聲音回答：「在他們被束縛的自我後面藏著無可取代的生物，擁有尊嚴的生物，如我們今早已經討論過。對另一個人的客觀目光因此是愛的充分條件——隨著澄清產生渴求，因此可以充滿希望地練習。大部分的人也**想要**愛他人，雙親排第一。因此仔細說來，我們根本不需要義務就能去愛，如我們剛討論的。理論上來說，依我的觀點，雖然不反對這種義務，但如果雙親沒有從一開始就察覺到對孩子的愛，他們會自行想要練習，不管是否有任何義務。」

「這豈不暗示自我並非是愛的唯一阻礙？」奧古斯丁觀察，「我正想像一對父母，他們樂於愛孩子，但卻沒感覺到類似的情感。例如有個母親，生下嬰兒之後不覺得和孩子相連，而且還因此承受相當的痛苦。要是立刻指責她自我中心豈非不公平？難道不會只是憂鬱症的後果，她對愛的期望本身不就是無我的表現嗎？」

「哇，困難的問題，」艾瑞絲深思地用手指敲著桌子，又開始畫圈圈。「我想到兩個可能的答案，第一，深陷於自我的薄紗並不必然是我們自己的錯誤，憂鬱症很可能是肇因之一。第二，我剛自問，這些例子當中對愛的期盼豈非是愛正輕盈展開。母親已經看到她的嬰兒是個生物，需索著愛——只不過她還不能讓這澄澈的目光隨時且可靠地投在孩子身上。她一再墜回恐懼和其他感覺的海洋，讓她不易持續地看著孩子。她意識到這一切，這種狀態顯示她也曾經正確觀看過——她已經知道自己的盲點，如所說的，這是盲點的終結。雖然緩慢，但它一定會消退……」

「說說看，人其實應該儘可能去愛嗎？人應該至少儘可能看清楚，不是嗎？最好一直都看得清楚，隨時正視現實比被幻象蒙蔽好。當愛和洞見如你認為的相連結，結論會是我們也應該儘可能多愛一些人。理想的情況是愛**所有**我們遇上的人。這難道不是你理論的奇怪結果嗎？」西格蒙德這時又問。

「有什麼奇怪？」艾瑞絲反問他，擺出一張無辜的臉。「所有的人都值得被愛，我們愛得越多就越好。當然我們之中大部分從不能真的去愛每個人——只有聖人辦得到。」

七顆頭轉向奧古斯丁，他情緒低落地搖搖頭：「可惜不是所有的聖人……」

西格蒙德窮追不捨：「但是有些情況下寧可不要去愛。要是陷在一段不好的關係當中，甚至遭受暴力會怎樣？愛把人綁縛。擺脫愛不是比較好嗎？這種情況該練習的難道不是除—愛（*Ent-lieben*）？」

艾瑞絲回答得快速又肯定：「是否維持一段關係，和人是否應該繼續愛，這是兩個問題。我不認為真的是**愛**讓人留在這些情況之中，因為愛想要對所有參與者都好且公平的事物。而暴力不管對犧牲者或施暴者都不好。」

「你對愛有那麼正面的看法，艾瑞絲……就像愛戀者永遠不會犯錯似的。」

西格蒙德難以置信地搖搖頭。

「愛戀者當然可能犯錯，但並非**出於**愛。我想我在午餐的時候已經提過：愛幾乎不曾是我們內在唯一的動機泉源。其他動機介入，讓我們分心，因此解釋了暴力。**如果**愛是唯一的動機泉源，是啊，那我們將不再犯錯。愛汝所愛，行汝所欲！為了再次借用奧古斯丁的話。奧古斯丁說得一點都沒錯，只是不夠深入：這句話不僅適用於博愛，而是任何一種愛。」

「也許為了安全起見應該補充：愛，而且只有愛——**唯因如此**，然後才做你想做的事！」馬克斯建議。

「我覺得，西格蒙德還是說對一點。」西蒙又重新拾回主線。「愛似乎承載過多。請你們站在愛人的立場想一想，人難道不想被摯愛以**特殊**方式珍愛嗎？正如他**不會**以同樣方式愛其他所有的人？或者想像一下，摯愛將死去。一般而言，人不會立即愛上另一個人——通常根本不行，心還沒有準備好。這種暫停難道沒有道理嗎？甚至是必需的？如果永遠不再愛，不也是可理解，並且完全沒問題的嗎？」她讓大家思考。「還是我們各說各話，因為我們對愛的形式有不同想像？」她又說了幾句，因為艾瑞絲給自己時間思考答案。

「我想不是……」艾瑞絲思考著，「我說的也是一般日常的浪漫愛情、雙親的慈愛，友誼。這些愛的共通點，而且根本解釋**何以**一切都是愛的形式，即是我剛才提到的澄澈目光。因此你的評論切中核心，我應該準備好解釋。如果這麼解釋如何：我不會改變想法，我們應該愛儘可能多的人，這是從我的理論推斷而來，但是愛當然經過不同的體驗，端視我們所處的生命狀況，以及愛人的特質。對一個孩子的愛，以及對一個成人的愛，我們的表達理當必然有所不同。我們對一些人的愛表達在每天和他們分享麵包與床鋪，對另一些人我們卻比較是遠遠地愛他們。使我們生命伴侶與眾不同的不在我們愛他們多一點，而是在於我們以這種特別緊密和親暱的方式體驗對他們的愛。」

「那麼你如何解釋失去所愛而哀傷的例子？」

「也是以同樣的說法來解釋。為所愛之人哀傷時，不需要暫停愛本身。暫時停止的只是所經歷過的親暱。」艾瑞絲猶豫著，「你接受這個解釋嗎？」她自己似乎不那麼確定，有些動搖地看著西蒙。

西蒙才正要回應，索倫就先開口說：「根本不能練習愛情，」他停頓了一下，思索該怎麼說，「忘我對愛的確重要——但是如果在忘我中練習，只是讓人**願意**去愛。但是這和練習愛有些不同。如果能練習愛，那麼應該有某種愛的技巧，擁有這種技巧就讓我們成為愛……愛的**專家**。這樣的專家必須全面地比其他人在愛這方面更好，然後也能預測，誰將會愛上誰。但是這樣的專家並不存在，也不能對愛做出這樣的預測，這些狀況讓我們不由深思。愛是禮物，可以準備好或尚未準備好去愛，但不是種技術。」

「讓自己準備好的人也可能落空嘍？」伊曼紐提問，艾瑞絲思索他的聲音聽起來是否示警，還是她自己的想像。

「這個嘛……不會。因為讓自己準備好的人，就已經模糊地預料到將獲得一份禮物，已經感覺到愛在內心萌芽，而準備就已經是對愛的回應。」索倫說。

「那麼根據你的想法，愛真的純屬幸運？在兩極——也就是練習和運氣——之間就沒有其他可能性了嗎？我常想，要是我們有種藥丸，只要我們想要就能吞顆藥丸產生愛，那麼一切都會簡單多了。我們於是就不須發展複雜的愛的技巧，可以避免練習的艱辛，也不會完全被命運捉弄。」西蒙嘆口氣。

「上帝啊！」奧古斯丁兩手在頭上方合掌，索倫看起來也頗受驚嚇。馬克斯義憤填膺：「愛的藥丸?!西蒙，有時你真的**太**不浪漫了。」

「只是開玩笑！我不是認真的！但我現在倒是好奇，你們為什麼覺得愛的藥丸那麼驚世駭俗。除了索倫以外，你們顯然很能接受艾瑞絲的想法，她認為愛可以練習，由個人掌握。愛的藥丸和練習具有同樣效果，只是更簡單、更快。要是擁有這種藥丸，我們甚至不必是聖人就能愛全人類！」

「這種藥丸究竟怎麼奏效？我們明明已經討論過，愛不能和腦子裡某些化學過程劃上等號……」伊曼紐思索著。

「但是我們對愛是否因化學而發生並沒有定論，即使愛並不等同於化學過程。這些細節對我們而言其實也無所謂：我的問題並不在於藥丸是否符合現實，而是在於按個鈕即愛的想像有什麼可大驚小怪的，先不管『按個鈕』究竟是什麼意思。」西蒙澄清。

「愛的增強劑」（Love enhancing drugs）根本沒那麼不切實際，舉例而言，在第四章提及的荷爾蒙，根據研究對愛有基本作用，可以藉助特定藥物來增強。催產素已經可做成鼻噴劑的型態，多巴胺的分泌如已知可藉由興奮劑（MDMA①）促發。持續促發愛的藥丸雖然尚未出現，但科學家如神經倫理學家安德斯．桑博格（Anders Sandberg）認為那只是時間問題。應該如何評斷化學介入，當然受到正反方的討論，在文獻中有其他資料。

「可是，這不也和我們認為愛是愛人特定的精神表現有關嗎？我們根本**不想要**嚴格控制這樣的愛，至少不是用按鈕。信念也一樣：我們想要信念畢竟是真的，並且以現實為依歸，而非只是符合我們自己的想像，以為什麼是好的，或者以為誰是好的就去愛。」伊曼紐堅定立場。

「那麼我們把思考遊戲稍微再擴大一些。要是我們按個鈕，總是剛好愛上正確的人會怎樣。假使按個鈕就隨時立即相信真實的，難道不也是這樣嗎？」西蒙繼續闡述。

「的確，但是想要愛正確的人，正因為**看到**對方多好、多美——套用艾瑞絲的說法，也就是說了解為何對方如此值得珍愛。信念也是這樣：我們不只想要真相，我們想**理解**真相。」伊曼紐和蘇格拉底堅持，蘇格拉底早已把自己蓋好，這時在位置上猛點頭，喊著說：「我說過的！我的話！」

「那麼，你們再想像一下，我們或許也會隨時按個鈕就理解為何愛人是正確的那個人，或者更進一步，理解為何信念是真的。任何時候，立刻且不需要花工夫就能產生洞見，還有何可求的？」西蒙大聲說，她的聲音又帶著那稍微惱怒的語調。

大家都安靜下來，只有馬克斯大喊：「胡說。我們想要身、心都投入過程，

① 譯註：亞甲二氧甲基苯丙胺，即俗稱的搖頭丸、快樂丸等。

經歷從不愛轉變到愛的過渡階段，或者從無知到理解，從黑暗到光明。」

「沒錯，」西格蒙德附和他的看法，「這個過程和歡愉相結合，即使有時艱辛，而且這種特殊的歡愉體驗可能從我們手中溜走。」

「此外，要是我們練習，或是讓自己準備好去愛，那麼是我們自己推動這個過程。**我們**是自己故事的作者。我們也應該放在心上：開展和鍛鍊自己的力量是好事……舉動本身意味著參與神性。」奧古斯丁思考著。

西蒙接受他的說法，拿出筆來做筆記。艾瑞絲也贊同：「是的，每個人的自我必須自行克服。」

「嘖，一顆愛的藥丸倒挺適合今時今日，」馬克斯做出不高興的臉色，「一切都必須快速進行，立刻適用，否則人們就不知道如何自處。約會軟體的時代，呸！」然後他突然不安地把手放在肚子上，大聲宣布：「我肚子餓了！什麼時候吃晚餐？」

第 *9* 章

約會軟體——銷售愛情？

Dating Apps – der Ausverkauf der Liebe ?

賓客討論約會軟體，以及我們這時代的愛情資本化。

伊曼紐咻地站起來：「這可不行，馬克斯。我得趕快去煮飯！我煮好之前，就先吃點橄欖和鹹餅乾條填肚子吧。」

「我們能幫忙嗎？」西格蒙德問他，雖然伊曼紐搖搖頭，艾瑞絲雙手一拍說：「到廚房去！我們大家都去。」賓客起身，由艾瑞絲領著，像車隊似的穿過房子，奧古斯丁當作車尾燈，好整以暇地爬樓梯：「我的老骨頭……」他喃喃地說，這回他拒絕協助。到達廚房之後，伊曼紐領他走到一張椅子邊，指定他：「你負責娛樂，我們切菜。你們覺得馬鈴薯焗烤如何？」

廚房裡很快就熙來攘往，櫥櫃被洗劫了一番。為了找菜刀，抽屜都被徹底搜索了一回，蘇格拉底甚至找出一件圍裙。奧古斯丁開了瓶新酒，每當廚子們休息或是不知道接下來要處理哪種蔬菜，就時不時地從他們的杯子啜口酒，吃吃橄欖。索倫沉浸在清洗沙拉生菜之中，雙手捧起綠葉，讓水穿過他的手指流個不停。

「蘇格拉底，我可以借用一下你的手機嗎？」奧古斯丁拜託他。

「你應該提供我們娛樂，而非在網路上漫遊！」西蒙勸戒他。

「哎呀，我想，我看一下這些約會軟體，然後跟你們報告些什麼，」他解釋，「這不也有娛樂價值嗎？」

「噢天啊，」馬克斯嘆息，「多無聊。」

「除了其他的，你還是個社會學家，馬克斯，這一定讓你感興趣才對啊?!」

奧古斯丁驚訝地挑起眉毛。

「在我看來，這個軟體只是現今這時代的錯亂而已。就像我剛才說過的：拙劣地嘗試以資本主義市場經濟手段來掌握愛。」

「你總是太快下判斷，馬克斯，藉助這些軟體來約會，和傳統約會有那麼大的不同嗎？問題在哪裡？而且哪裡又**特別**資本主義了？」西蒙削著一顆馬鈴薯，把一綹髮髮從臉的前面吹開。

「好啦，好啦，我們來看一下，」奧古斯丁安撫大家。蘇格拉底把手機遞給奧古斯丁，他不熟練地在搜尋列打上「約會軟體」，他們兩人彎身看著螢幕，來來往往地討論了一下。終於有個軟體被開啟了，「我們必須設一個帳號，」他們異口同聲地說明，「而且還需要一張照片，有自願者嗎？」

沒有人舉手，蘇格拉底就乾脆拿起他的手機，快速拍了一張索倫拿著沙拉碗的照片。索倫驚慌失措地抗議，快速放下碗，臉和脖子都冒出紅斑。「抱歉，索倫，可是你就很上鏡嘛，」蘇格拉底表示歉意，「我們很快就刪掉！」

索倫狂吸氣，但蘇格拉底和奧古斯丁已經完成了：「好了！看起來不錯嘛！現在我們再寫點東西：『嗨，我是索倫，對一切都很開放。我住在哥本哈根，但是對柏林也很熟……』」奧古斯丁點頭稱許，「不錯，這種的都頗受歡迎！」

蘇格拉底繼續寫：「目前待在柯尼斯堡。喜歡閱讀和寫作……還有什麼？」

「喜歡閱讀和寫作?!我都要打瞌睡了，馬上刪掉！」西蒙尖聲大喊。

「這麼寫可能比較好：喜歡做白日夢的夜貓子？」艾瑞絲眨眼做鬼臉。

「絕對。寫好了。那，我們現在刷一下！」蘇格拉底激動地兩腳交替著跳來跳去，第一張照片出現，手機在廚房裡傳來傳去。「左邊！完成！」，「不是，要向右刷！這張臉很可愛啊。看起來有點像雷基娜！」西格蒙德表示，「我會說有點歇斯底里。」在眾聲喧譁之間，索倫的眼睛湧上淚水，他轉身，背朝著其他人，撕開大片的沙拉生菜葉。

索倫·齊克果和雷基娜·歐森的訂婚關係維持了一年，兩人應該是認真地戀愛，即使如此，齊克果還是解除婚約——確實的理由依舊廣受猜測。雷基娜當時才十六歲，齊克果二十五歲，兩人都承受著極大的痛苦。雷基娜後來和另一個人訂婚時，齊克果的反應是很受傷。她對齊克果的思想和寫作的重要性不減。他後來未曾再訂婚。

「有匹配的出現了！」最後，蘇格拉底的大喊聲響徹整個房子，「又一個！又——有這種事！你很受歡迎嘛，索倫！」

「我們要閒聊一下嗎？」西格蒙德建議，「我覺得這個人有意思，而且她似乎熟悉哲學。或許我們可以邀請她來吃晚餐？」

「等一下，這本來應該只是個試驗。讓我們感受一下這個軟體，」奧古斯丁勸說，「那麼——第一印象，女士先生們？」

「我發現整個過程非常快速，」艾瑞絲先開始，她正倚著冰箱。西格蒙德拿過手機，繼續刷，「在幾秒鐘內就決定要往左還是往右刷，開始聊天，通常在同一天內就碰面，或者至少越快越好。要是大部分的人第一次碰面就停留在這種模式裡，我也不會感到訝異：他們相當快速決定其他人是否符合他們的期望，以及成功的機率有多高，接著隨即放掉對方或是保留。或許因為可供選擇的潛在候選人為數眾多，於是產生一種印象，總會有一個完美的選項，而且也能找出來，只要使用這個軟體夠熟練——總會有一個在各方面都適合的匹配結果。要是對方沒有立刻讓人覺得完美，而且認識這個人意味著要花工夫，那又何必執著在一個人身上？這些工夫可以省下來給更好的候選人。哎呀，我能說什麼。這種一步千里的模式當然和我剛才提到的沉浸模式完全相反，依我的看法，沉浸模式基本上才適合愛。雖然要在這種快速模式下進入沉浸狀態不無可能，要不出乎意料立即進入，要不就循序漸進，端看雙方多常會面。但我擔心的是這種軟體普遍升高愛戀他人的難度，因為一旦曾處在這種快速模式之下，就不那麼輕易擺脫。愛適用另一種時間計算方式。」

「我說啦，就像在一個很大的超市裡，必須在成千上萬的產品當中找出正確的品項。」馬克斯大聲說。他還想繼續說明，但被一個噴嚏打斷，他身旁的伊曼紐正拿著一個大大的研磨胡椒瓶。

社會學家伊娃．伊盧茲（Eva Illouz）在她的著作《為什麼不愛了》（*Warum Liebe endet*）當中將約會軟體上的邂逅描述為「儘可能有效排除不合適人選的引介對談」。她深入研究文獻，提出證據，說明特別是做出視覺評斷有多快速。

奧古斯丁接續話題：「艾瑞絲，你剛才對我們闡述，在沉浸的狀態下能客觀評價，因為自我的薄紗被揭開。那麼軟體會強化自我的作用，並且把我們眼前的薄紗覆得更密嗎？因為你認為這薄紗會妨礙沉浸……」他提出詢問。

「我不會立刻就否定它，」她回答，「不過，是啊，我想有這種風險。不僅因為速度，也因為這個軟體誘使我們變得相當自我中心。要是你們拍了我的照片，我不會像索倫那麼謙虛，一定會想立刻看到照片。然後我會想拍得夠不夠漂亮，或是我應該穿另一件衣服，最好看起來有深度，或是應該性感地微笑。這張照片應該是其他軟體使用者的誘餌。我越常使用這個軟體，我越常想到我自己，並且思考我個人的形象。我會試著代入其他使用者的立場，但不是為了他們，而是為了瞭解他們會怎麼看我，是什麼讓我在他們眼中顯得有吸引力。這對有著不安和憂慮的自我當然是絕佳材料。如果我的想法是對的，那麼這個軟體損害愛，而非協助愛大幅躍進。」

奧古斯丁贊同她的看法：「恐怕，對我而言，這個軟體就是毒藥！」他坦承：「我可能根本不會把愛想得那麼偉大，而是把愛變成一種誘拐他人的運動。我還是個年輕人的時候很擅長這些：性會令人成癮的原因之一在於最初的追求有著相當大的張力，另一個人投入，我們就贏了，覺得自己強大、有魅力又充滿活力。接著我們暫時瞥見對方的感受世界，一些平常總是被封閉的領域。短暫而沒有約束力的連結，就像兩顆星星短暫錯身而過。」

「你為何稱之為毒藥？這其中不也有些優點？這種軟體完全沒有設定雙方如何、何時及為何要碰面。可以追尋偉大的愛，但是也可以只為了性愛而相約，或者只為了一起出門沿著房子散步，總有些釋放自由的感覺。這種約會形式沒有或者只有很少的規則，也可以軟化不好的社會慣例。舉例而言，理論上有助於女性擺脫他們的性別壓抑……」西蒙思考著。

艾瑞絲擺出懷疑的臉色。「我一直覺得這不太可能，」她說，吐出一顆橄欖籽。「女性還是一直多被視為性客體，而非性的主體，女孩也不被教養擁有性自主。這是我跟你學的，西蒙，這些在近代根本沒有多少改變。只要男性以及女性腦子裡還有意無意出現這些想法——女性價值主要由男性按照她們的魅力下評判的想法——我覺得這種軟體並無助於解放女性。恰恰相反：她們被引導，以為女性尤其要斤斤計較自己的外型，當她們被拒絕就感到不安。男性照舊主要關注女性外表，就像獵人，想儘可能多射中幾個。」她說到最後越來越大聲，她不得不取笑自己：「噗！我怎麼了?!一定是酒的關係。我其實絕對**贊成**在這方面打破社會慣例，支持自由的愛。只不過我認為這樣的解放並不來自於這個軟體。」

西蒙思考著：「好吧，你說得對：社會轉變不是這樣運作。特定角色想像在我們腦中根深柢固之後，再也無法僅憑改變法律和規則，將之訂定得自由些來加以擺脫。這當然只是第一步，但是問題偏偏**不僅在於**外界的強制力。法律前的性別平等並不意味著性別歧視的終結。內在偏見或許反而比較會在深刻的社會論述過程當中，隨著啟蒙和教育受到動搖。」

「正是。」艾瑞絲表示，「在跨性別社團裡，這個軟體因此可能比較沒那麼有問題，因為**反正**已經有其他的性別角色和性行為想像。」西蒙點點頭，然後繼續削她的馬鈴薯。

這時索倫抽了抽鼻子：「這個軟體真可怕！」他揉揉眼睛，「你們沒發現這軟體完全扭曲自我關係嗎？不只觀看著自己的身體，還有內在的心態——信念、偏好、渴望——隨時從個人外在被觀察著。這些都屬於軟體要求的形象，要讓其他使用者可辨識，還要有吸引力。人於是設定自我理解，覺得某種自我理解普遍討喜而且時尚，隱藏和否定自己才覺得真實的那一面。因為那並不一體適用，於是人們逐漸失去對自我理解的感覺，以及朝著真相的指引。這非常危險！」

「不過你的誘惑者喜歡這個軟體，索倫，」西格蒙德下個註腳，一邊將各種飯後餅乾分別放在一個大盤子上。「但我其實覺得你們把這一切看得太認真了。約會總是種冒險，用不用約會軟體都一樣。誘惑的遊戲充滿誘惑，當然，而每個人都應該明白：能從誘惑中能獲得樂趣，也能被誘惑。亦即某人只是假裝自己的感覺以征服其他人，卻對某人發展出認真的感情，或是開放心胸。」

「哎，我們根本不應該這麼擔心被誘惑。」蘇格拉底繞著廚房桌子轉，「其實根本不能發生比陷入愛戀更好的事情，因為如此一來會記起自己心靈裡永恆的理型。當誘惑者什麼都沒感覺到，**他**其實是個失敗者。但如我今早解釋過的，他在看到自己的犧牲者那一刻就會屈服，因為被誘惑者眼中的愛也會喚醒誘惑者的記憶，你們還記得嗎？最後雙方都贏了。我對這個軟體的擔憂比較在於，它不是特別好的誘惑**手段**。用照片誘惑不了人，不管照片看起來多適合，至少無法誘使他人去**愛**，愛只能發生在對話之中，並且不是隨便一場對話，而是哲學對話，討論所有問題當中最重要的——這時其他人的美才呈現出來。我們人類是精神生物，因此終究只接受精神挑戰，以及對精神激動呈現出來的姿態和動作有反應。身體畢竟只以精神呈現形式才對我們有意義，純粹的皮囊會快速衰敗。」

「這個軟體很方便對話，甚至邀請大家來對話吧？」西格蒙德回應，「除此之外，人經常因為一張照片就上鉤，因為從其中呈現的人像表情發現精神刺激，讓人感興趣或者讓人記起些什麼，於是覺得和對方相屬。這一切通常無意識地發生，我們經常不確定，為何我們覺得某幅畫特別有吸引力。其他相遇也是如此：

即使是在酒吧裡認識的人，我們經常也不明白，為何我們覺得其中有些人有吸引力，其他的卻沒有。當然和我們的父母親們有很大的關係……」

「但是酒吧又不是超市！」馬克斯堅定地切著一大顆洋蔥。

「哎呀，和軟體相比之下，酒吧也許就像街角的一個小店面，不過酒吧也是種商業模式。那麼該說，酒吧裡的約會也是要儘可能讓自己表現良好，並且檢視其他人吧？也會估量對方是否有潛在性，或者不值得花時間，凡此總總。這個軟體為什麼有根本上的不同？」西格蒙德保持實事求是。

「是，其實這個軟體比酒吧稍微安全一點，因為只有出現匹配的對象，而且雙方表示出興趣，才開始交流。」西蒙贊同他的看法。

「規模造成**相當的**差異，」馬克斯堅持，擤了擤鼻子，洋蔥就是這樣。「超市裡無盡的選擇讓個別產品顯得無關輕重，可隨意更換，為快速消費而設計。穀片和洗髮精或許沒問題，但牽涉到人就不是這樣。愛因為承認愛人的無可取代而生，我們之前已經詳細討論過，當然也適用於藉助軟體約會和戀愛。但是這個軟體還是讓過程變得困難：因為它起初將其他人呈現為可輕易取代，可能需要一段時間，才能讓人終於認知對方無可替代。在這之前會感覺到折磨，以為會錯過些什麼——想著多滑幾下會有更好的選項。因此我的看法和艾瑞絲一致：這個軟體阻礙陷入愛戀的過程，而非提供助力。」

「也許很多軟體使用者根本不在乎愛，」伊曼紐打開烤箱，把焗烤盤放到中間層。「這或許能說明為何他們選擇一種在許多方面並不適合愛的媒體。即使他們在乎的不只是性，而是**運作良好的關係**。愛可以是這種關係的一部分，但並非絕對。這種關係主要帶來樂趣，適合個人活躍所在的同儕團體。或許也形成中產階級存在的基礎，也讓人從孤單感轉移開來。換句話說：這種關係就像自由形式的包辦婚姻，並非家族而是由參與者做決定，但是他們依循的標準相去不遠，愛在其中並不一定是關鍵。一點都不受浪漫主義者青睞……」他微笑著。

「浪漫主義者到底在哪？你沒邀請他們嗎，伊曼紐？」馬克斯質問。

「誰說的，我有！施萊格爾兄弟（Karl Wilhelm Friedrich Schlegel, 1772-1829

及August Wilhelm Schlegel, 1767-1845）、拉赫爾（Rahel Varnhagen von Ense, 1771-1883）、貝蒂娜（Bettina von Arnim, 1785-1859）和卡洛琳娜（Karoline Friederike Louise Maximiliane von Günderrode, 1780-1806）……我也不知道他們都到哪兒去了，但他們總會遲到一點。」他無計可施地聳聳肩，然後接著說：「我對約會軟體的疑慮其實完全不同，你們有些人喜歡或者至少能接受它沒有規則，這一點卻讓我擔心。這個軟體可以為了任何可能目的而使用，導致參與者的不安：其他人究竟想要從我這裡得到什麼？只想要性愛，或者想要一段關係，或者他們尋找愛情？而**我**究竟要什麼呢？只要沒有分別開誠布公地討論，做出相應的協議，很快就會導致濫用。我想到的不一定是故意誘拐，午餐的時候我已經提到，依我看，性還是需要非常特定的契約才能被道德認可。契約需要載明雙方各自的意圖，並且平等地以性客體**以及**性主體呈現。在未經規範的情況下，每個人都不知道對方的意圖，相反地容易被降格成單方面的性客體——只是為了滿足的工具。這違反我們身為人的尊嚴，我們永遠不得將他人只當作工具使用！」

二〇一八年，瑞典通過一條法律，根據該法律，所有相關人士必須以文字或姿勢明白表示同意，才能合法發生性關係。這和伊曼紐的契約想法未完全相符，但已經朝類似的方向發展。

「哇，要是必須先定個契約才能上床，所有的緊張刺激都被澆熄了！這才真是一點都不浪漫。」西格蒙德深吸一口氣。

「其他人的尊嚴比刺激更重要。此外將彼此當作工具來利用才是不浪漫。」伊曼紐出人意料地強烈回應，一時之間大家都靜默。

「該做小結的時候了，」奧古斯丁出聲好打破沉默。「這軟體……老天爺，我回想了一下，我們對它幾乎只有負面評價，快速模式有問題，標準的膚淺，其他使用者就像超市裡可替代的商品，沒有規則可排除濫用，對社會轉變沒有貢獻，都說到了？我漏了什麼嗎？」

「你們這些悲觀的評論家，」西蒙抱怨，「你們在許多方面或許是對的，但是想想看，這種軟體對孤獨的人是多麼大的祝福，他們除此之外沒有和他人相遇的可能性。好比，因為有人住在村落裡，找不到心靈伴侶，或者因為他們必須工作到很晚，其他人卻早就到酒吧裡交際；或者因為生病被束縛在床上。或許，或許……」

「孤單……」奧古斯丁閉上眼睛，「讓人奔波，平安與你們同在。」

西蒙打開烤爐，喊著：「好了嗎？晚餐？」

這時有人按門鈴。

第 *10* 章

萬事俱備只缺愛情

All you need is love

索倫・齊克果要去約會，

艾瑞絲・梅鐸在腦子裡總結一整天的討論。

一位高大的女性走進廚房，靜靜地看著四周，她的眼睛清澈，只是不時幾乎難以發覺地失去焦點，因此給人一種失神的印象。「這樣的眼睛藏著內在深度。」西格蒙德暗自想著。他尋思話語。索倫直直地盯著她看，其他人也很難將目光轉開。她從容地接受這種關注，有如那正是她所期待，然後她安靜地轉向伊曼紐。伊曼紐幫她開了門，讓她走在前面進門。

「你有個漂亮的廚房。」她微笑著。

「迪奧蒂瑪！」蘇格拉底像被釘在地上一樣地站在廚房桌子後面。

「索倫和我配對成功，」她解釋，她的聲音裡帶著許諾，「我應他的邀請而來。」

「西格蒙德?!天啊，西格蒙德拿著手機……那是西格蒙德！」索倫驚恐得結結巴巴，「我永遠不會……好可怕的軟體！我希望，我能在其他情況下……我……我感到極大的榮幸！」一絲幸福首次躍上他的臉。

「你要留下來吃飯嗎？」蘇格拉底問她，他似乎想不出更好的問題。他平常不容易失去平靜，但此刻他的膝蓋在桌面下發抖。

迪奧蒂瑪答應了，一行人帶著盤子和沙拉碗回到餐廳。伊曼紐為迪奧蒂瑪推一張椅子到桌邊，大家坐下，取用食物，開始聊天，分心，又重拾話題。氣氛就像可以看到許多新舊朋友的慶典展開那般熱烈。

蘇格拉底和迪奧蒂瑪的頭湊在一起，討論個不停。索倫害羞地溜到兩人身邊，靜靜地等著他們轉向他。奧古斯丁對西格蒙德耳語：「顯然她真實存在？老天爺！」西格蒙德回答：「她出現在軟體上的時候，我起初不敢相信我的眼睛。但是她就在這裡，像太陽一般清楚——就和我們所有人一樣真實。」他聳聳肩，奧古斯丁搖頭，有如他依然無法置信。

桌子另一頭正展開關於真實性的討論：有關出於愛的行為是真實的這個想法，因為這時刻人表達出自我，而自主的根本在於真實。「表達自我，這是什麼意思？你們認為誰是這個自我？」伊曼紐提問。

「反正愛讓人有創意，」迪奧蒂瑪突然加入討論，「愛欲是具備發明天賦的神，不讓自己被擺脫，沒那麼容易放棄。祂協助所有想改變世界的人。」

「就像現在？」西蒙探究，「不用隱喻說一下，那麼：愛協助我們改善世界？」

「我目前也是這麼認為！」伊曼紐大聲說，「今天這些想法已經瀰漫整個房子：愛從聚焦在特定人物身上開始，結果卻開拓視野，只要注意到愛人的人性也呈現在其他人的行為上。愛是公平思想的發動機。」

所有的人同時都想回應，彼此呼來喚去。西蒙從袋子裡拿出香煙盒，肯定地說：「現在開始政治化了，孩子們。」

艾瑞絲瞬間覺得非常疲累。沒有人注意到她怎麼走出房間，向上溜到她的閣樓裡。她躺到床上，伸長雙腿。外面天色早已昏暗。「明天可能下雪……」她想著，一邊閉上眼睛。她回想進入尾聲的一天，回顧曾浮現的問題。她開始在腦子裡做筆記：「蘇格拉底認為，當某人讓我們記起永恆的理型，那些在我們內心沉睡，只是被我們遺忘的理型，那麼我們就愛上某人，愛人因此協助我們踏上通往智慧的道路。然後馬克斯批評，蘇格拉底無法解釋愛人的無可取代，如果愛人基本上只是愛戀者的工具，達到以智慧為目標的手段。我們每個人都做出解決建議，那時怎麼說的？」她用力地思索。「對了，愛究竟是什麼？愛人的精神呈現，沒錯，我們當時這麼說；愛不單純是腦子裡的荷爾蒙雞尾酒，但是也非對愛人珍貴特質的評判。西格蒙德認為愛情是種衝動……愛欲衝動。我說愛是種觀看。嗯……然後我們談到機器人，以及人是否能愛機器人。唯有機器具備意識，才能真正愛上機器人，我們所有的人都認同這一點。但是具備意識就足夠，還是需要更多些什麼？好比機器人是否必須具備愛的能力，我們才能真的去愛機器人？但是愛的能力出自何處？根本沒那麼容易確定。」

她轉動腳踝，一邊繼續想著：「然後也談到愛與自主，以及愛與幸福：愛令人快樂，或者傷害我們的自主性？兩種說法不能並立，因為自主是幸福的一部分。至少西蒙這麼說，而我覺得有道理。蘇格拉底對自主性有幾個有趣的想法。還有什麼……」她坐起身來，從行李箱抽出筆記本和原子筆，她覺得手上拿著筆讓她比較容易想起細節。

「噢，奧古斯丁擔心，愛在道德方面有疑慮，因為愛以不公平的方式偏頗愛人，也就是排他性的愛！對博愛而言適用其他標準……他這麼認為。但是索倫認為每種愛當中都含有一點博愛的光芒。伊曼紐和我後來討論是否有權利要求愛。他似乎接受人有可能練習愛這個想法，於是也能有某種愛的義務。我對其他人談起藝術如何協助我們練習愛，哇，那是即興演說，不過我相信他們了解我的意思吧？」她又閉上眼睛，躺回枕頭上。

「還有約會軟體！」她忍不住笑，「可憐的索倫……誰想得到迪奧蒂瑪真的存在。雖然，我其實一直都知道。」她打個呵欠。樓梯間這時傳來聲音。

「她為什麼必須要走？」她聽到索倫發問，聽起來像在抱怨什麼。「她從來不久留……但是不用擔心，她總是一再回返。」蘇格拉底安慰他。安靜了一下，然後蘇格拉底又說：「拿著，這是她的電話號碼。」索倫激動地表示感謝。

樓下的門關上。艾瑞絲聽到某人走回樓上，然後走進餐廳。那一定是伊曼紐，因為現在她聽到他的聲音：「希望你們留下來，還有很多要討論的，我們才剛開始呢！隨你們想留多久就留多久。哎呀，請你們永遠留下來。」

不久後響起音樂聲，椅子被推上，笑聲迴盪在房子裡，馬克斯大聲唱歌，奧古斯丁喊著：「誰要和我跳舞？」

「伊曼紐，我親愛的朋友……」艾瑞絲昏昏欲睡，她的腳趾隨著節拍而動：

「All you need is love①……」

① 譯註：披頭四發表於一九六七年的名曲，歌詞非常符合本書精神。

謝辭

我十一歲的時候有個哲學朋友：維托利歐，他是哲學教授，也是家族好友，常在週末拜訪我們。他聽說我正在讀《蘇菲的世界》，也因為我老是拿柏拉圖的理型問他，他就寫了一封信給我，他在信裡描述一家咖啡廳，他偶然進到那裡，那裡聚集所有可能的哲學家，來自任何可能的時代，他們聚在一起討論。我寫了一封信回答：我也認識一個穿著長袍的神祕男人。於是就這樣繼續下去，維托利歐在他的咖啡廳裡和他的朋友們聚會，我在公園或車站裡和哲學家們相聚，端視我剛好在何處停留。我們書信往返，這本書在某些層面也像這些聚會的延續。

沒有我的摯愛，以及我兩位很棒的編輯，我永遠不可能寫出這本書，因此我想在此向他們致謝：安迪、蔻德麗亞和雙親，感謝他們對各版本草稿多所助益的指點，感謝他們付出時間和愛。當然也要感謝皮珀出版社的安雅．韓瑟和馬丁．庫立克，他們從出版過程一開始就陪伴著我，一再校閱，提供許多重要的推力。和你們一起工作真的帶來許多樂趣！此外，我還要感謝瑪汀娜．法蘭克美妙的插圖。

這本書獻給我的兒子艾曼紐，因為我在他生命的第一年當中寫了這本書，在他沉睡或是被他父親抱在手上的時候，也因為他是我的眼珠。我們現在認識很早很早的清晨，以及無數的童歌，我們知道疲勞會讓人多痛，突然期望生命會長長久久。愛也是這樣：愛改變一切。

參考文獻

本書中哲學家們的主要作品

柏拉圖：

〈呂西斯篇〉（*Lysis*）

〈會飲篇〉（*Das Symposion*）

〈費德羅篇〉（*Phaidros*）

奧古斯丁：

《懺悔錄》（*Die Bekenntnisse*，西元 397–401 年）

《獨語錄》（*Selbstgespräche*，西元 386 年）

《論基督教教理》（*De Doctrina Christiana*，西元 397 年，第四冊：426）

伊曼紐・康德：

《道德形上學基礎》（*Die Grundlegung zur Metaphysik der Sitten*，西元 1785 年）

《實踐理性批判》（*Kritik der Praktischen Vernunft*，西元 1788 年）

《道德形上學》（*Die Metaphysik der Sitten*，西元 1797 年）

索倫・齊克果：

《非此即彼》（*Entweder–Oder*，西元 1843 年）

《愛的作為》（*Die Taten der Liebe*，西元 1847 年）

西格蒙德・佛洛伊德：

《性學三論》（*Drei Abhandlungen zur Sexualtheorie*，西元 1905 年）

《慾望法則之外》（*Jenseits des Lustprinzips*，西元 1920 年）

馬克斯・謝勒：

《倫理學中的形式主義與實質的價值倫理學》（*Der Formalismus in der Ethik und die Materiale Wertethik*，西元 1913-16 年）

《同情的本質與形式》（*Wesen und Formen der Sympathie*，西元 1923 年）

西蒙・波娃：

《論模稜兩可的道德》（*Pour une morale de l'ambiguïté*，西元 1947 年）

《第二性》（*Das andere Geschlecht*，西元 1949 年）

艾瑞絲・梅鐸：

《善的主權》（*The Sovereignty of Good*，西元 1970 年）

《阿卡斯妥斯——三段柏拉圖式對話》（*Acastos–Three Platonic Dialogues*，西元 1986 年）

《以形上學為道德指南》（*Metaphysics as a Guide to Morals*，西元 1992 年）

延伸閱讀

關於柏拉圖愛情對話錄的論文

瑪莎・納思邦（Martha Nussbaum），1986：《善的脆弱性：古希臘悲劇和哲學中的運氣與倫理》（*The Fragility of Goodness – Luck and Ethics in Greek Tragedy and Philosophy*），Cambridge University Press

克里斯多夫・霍恩（Christoph Horn 主編），2012：《柏拉圖的會飲篇》（*Platons Symposion*），Akademie Verlag（蘇格拉底在第一章提出的幾個論點，我在收錄於本書的論文當中有更詳細的闡述。）

關於愛的本質以及無可替代性的問題

大衛・維爾曼（David Velleman），1999：〈愛為道德情感〉（Love as a Moral

Emotion），收錄於《倫理學》（*Ethics*），109/2 期
尼可・科洛德尼（Niko Kolodny），2003：〈以愛為關係評價〉（Love as Valuing a Relationship），收錄於《哲學評論》（*Philosophical Review*），第 112/2 期
哈里・法蘭克福（Harry Frankfurt），2004：《愛的理由》（*The Reasons of Love*），Princeton University Press
特洛伊・喬利摩（Troy Jollimore），2011：《愛的願景》（*Love's Vision*），Princeton University Press

關於奧古斯丁對愛的思想

漢娜・鄂蘭（Hannah Arendt），2018：《奧古斯丁對愛的概念：哲學闡述嘗試》（*Der Liebesbegriff bei Augustin: Versuch einer philosophischen Interpretation*），法蘭克福／麥茵河畔：Meiner

關於愛及生物學

海倫・費雪（Helen Fisher），2004：《我們為何而愛：浪漫愛情的本質與化學》（*Why We Love: The Nature and Chemistry of Romantic Love*），紐約：Henry Holt & Co

嘉莉・詹金斯（Carrie Jenkins），2017：《愛是什麼，愛可能是什麼》（*What Love Is and What It Could Be*），紐約：Basic Books

關於西格蒙德・佛洛伊德及性衝動

強納森・李爾（Jonathan Lear），1999：《愛及其在大自然的地位——佛洛伊德心理分析的哲學詮釋》（*Love and its Place in Nature – A Philosophical Interpretation of Freudian Psychoanalysis*），紐約：Yale University Press

強納森・李爾，2015：《佛洛伊德》（*Freud*），倫敦：Routledge

關於嬰兒的社會性

丹尼爾・N・史登（Daniel N. Stern），2019：《嬰幼兒的人際世界——心理分析與發展心理學視角》（*The Interpersonal World of the Infant – A View from Psychoanalysis and Developmental Psychology*），倫敦：Routledge

關於圖靈測驗的其他資料

葛雷漢・歐皮（Graham Oppy）及大衛・多夫（David Dowe）：〈圖靈測驗〉（The Turing Test），收錄於《史丹佛哲學百科》（*The Stanford Encyclopedia of Philosophy*，2019 春季刊），愛德華・N・察塔（Edward N. Zalta）編輯，https://plato.stanford.edu/archives/spr2019/entries/turing-test/

關於人和機器人之間的愛

蘇菲・溫納塞德（Sophie Wennerscheid），2019：《性愛機器》（*Sex Machina*），柏林：Matthes & Seitz

關於人與物之間的差異

瑪汀娜・妮達——呂梅琳（Martine Nida-Rümelin），2006：《內觀》（*Der Blick von Innen*），法蘭克福／麥茵河畔：Suhrkamp

阿克塞爾・霍耐特（Axel Honneth），2015：《物化》（*Verdinglichung*），柏林：Suhrkamp

關於愛及自主

諾拉・克蕊芙特，2018：〈愛與自主〉（Love and Autonomy），收錄於A・斯莫

茲（A. Smuts）／C・葛勞（C. Grau）編輯：《牛津愛的哲學手冊》（*The Oxford Handbook on the Philosophy of Love*），牛津：Oxford University Press

關於愛與道德，另外特別提及湖邊範例

伯納德・威廉斯（Bernard Williams），1981：〈人、特質與道德〉（Persons, Character, and Morality），收錄於《道德運氣》（*Moral Luck*），劍橋：Cambridge University Press

蘇珊・沃夫（Susan Wolf），2012：〈想太多：愛、道德以及承諾的順序〉（One thought too many: Love, Morality, and the Ordering of Commitment），收錄於U・霍矣爾（U. Heuer）／G・朗（G. Lang）主編：《幸運、價值與承諾：伯納德・威廉斯的倫理學課題》（*Luck, Value, and Commitment: Themes from the Ethics of Bernard Williams*），牛津：Oxford University Press

基蘭・賽蒂亞（Kieran Setiya），2014：〈愛與生命的價值〉（Love and the Value of a Life），收錄於《哲學評論》，第 123/3 期

關於對愛的權利

馬修・廖（S. Matthew Liao），2015：《被愛的權利》（*The Right to be Loved*），牛津：Oxford University Press

對愛及兒童發展的心理學研究

班特・克里斯提安森（Bengt Kristiansson）／斯溫・P・佛斯聰（Sven P. Fallstrom），1987：〈早期發展不良對四歲齡兒童的成長後果〉（Growth at the Age of 4 Years Subsequent to Early Failure to Thrive），收錄於《兒童虐待及忽視國際期刊》（*International Journal of Child Abuse and Neglect*），第 11/1 期

依莉莎白・A・卡爾森（Elizabeth A. Carlson）及L・亞倫・斯洛福（L. Alan Sroufe），1995：〈依附理論對發展性精神病理學的貢獻〉（Contribution of Attachment Theory to Developmental Psychopathology），收錄於《發展性精神病學》（*Developmental Psychopathology*），由但丁・齊掣帝（Dante Cicchetti）及唐納・K・寇恩（Donald K. Cohen）編輯，紐約：Wiley

卡倫・波斯等著（Karen Bosetal），2011，〈具收容機構化經歷幼童的精神醫學後果〉（Psychiatric Outcomes in Young Children with a History of Institutionalization），收錄於《哈佛精神醫學評論》（*Harvard Review of Psychiatry*）第19/1期

瓊安・L・盧比等著（Joan L. Luby, et al.），2012，〈童年早期的母親支持造就學齡期較大的海馬迴體〉（Maternal Support in Early Childhood Predicts Larger Hippocampal Volumes at SchoolAge），收錄於《美國國家科學院院刊》（*Proceedings of the National Academy of Sciences*），第109/8期

艾瑞絲・梅鐸論愛的相關文獻

東尼・米里根（Tony Milligan），2013：〈黑暗時代的愛：艾瑞絲・梅鐸論開放及空虛〉（Love in dark times: Iris Murdoch on openness and the void），收錄於《宗教研究》（*Religious Studies*），第 50/1 期

基蘭・賽蒂亞，2013：〈梅鐸論善的主權〉（Murdoch on the Sovereignty of Good），收錄於《哲學家印記》（*Philosophers Imprint*），第 13 期

關於「愛情藥丸」

布來恩・D・俄普（Brian D. Earp），2019：〈強化愛的科技〉（Love Enhancement Technology）收錄於 A・斯莫茲／C・葛勞編輯：《牛津愛的哲學手冊》，牛津：Oxford University Press

關於愛、資本主義及約會軟體

伊娃・伊盧茲（Eva Illouz），2012：《為什麼愛讓人受傷》（*Warum Liebe wehtut*），柏林：Suhrkamp

伊娃・伊盧茲，2018：《為什麼不愛了》（*Warum Liebe endet*），柏林：Suhrkamp

內容簡介

從我們能思考開始，愛就吸引我們，但從哲學觀點看來，愛究竟意味著什麼？

「哲學」一詞的原文翻譯成現代語言差不多就是「對智慧的愛」的意思，因此，在哲學史上有那麼多聰明人思考愛情的意義也就不足為奇。即使如此，時至今日，愛情這個現象仍然讓我們一再面對新的謎題——愛是人類能察覺到最美好的感覺之一，同時也經常讓我們感到絕望。

諾拉．克蕊芙特找到一種引領我們進入愛情哲學的特殊形式：她讓八個最知名的思想家針對愛進行一場虛構對話。

這些人物包括蘇格拉底、伊曼紐．康德和西蒙．波娃等，他們交換對友誼和歡愉的看法，爭論約會軟體的意義，探究愛是否限縮個人自主性。

諾拉．克蕊芙特同時也賦予這些歷史人物如索倫．齊克果、艾瑞絲．梅鐸和西格蒙德·佛洛伊德等新的生命，讓他們跟上時代，對愛進行多面向討論。他們的對話有深度，具備十足啟發性和娛樂性，讓我們一窺愛情哲學中最智慧的思想，還能享受絕佳閱讀樂趣。

作者簡介

諾拉·克蕊芙特 Nora Kreft

德國哲學家，研究愛情和人類自主性。她在德國艾爾福特和奧地利葛拉茲取得博士學位，曾在柏林洪堡大學哲學人類學系擔任學術研究人員，目前在英國溫徹斯特大學價值研究所擔任高級講師，在哲學宗教暨文理學系開課。她多次以「愛情哲學」專家的身分登上媒體。

譯者簡介

麥德文

近年常在德語哲學世界裡流連的台北人，譯著包括《好的哲學會咬人》、《上一堂有趣的文學課》及《街角遇見哲學》等書。

國家圖書館出版品預行編目 (CIP) 資料

蘇格拉底談愛情：八位偉大思想家的愛情哲學茶會 / 諾拉．克蕊芙特 (Nora Kreft) 著 ; 麥德文譯 . -- 初版 . -- 新北市：立緒文化事業有限公司，民 112.07
面；　公分 . --（新世紀叢書）
譯自：Was ist Liebe, Sokrates? : Die groβen Philosophen über das schönste aller Gefühle
ISBN 978-986-360-211-8（平裝）

1. 西洋哲學 2. 戀愛

140　　112007074

蘇格拉底談愛情：八位偉大思想家的愛情哲學茶會
Was ist Liebe, Sokrates?

出版——立緒文化事業有限公司（於中華民國 84 年元月由郝碧蓮、鍾惠民創辦）
作者——諾拉．克蕊芙特（Nora Kreft）
譯名——麥德文

發行人——郝碧蓮
顧問——鍾惠民

地址——新北市新店區中央六街 62 號 1 樓
電話—— (02)2219-2173
傳真—— (02)2219-4998
E-mail Address —— service@ncp.com.tw
劃撥帳號—— 1839142-0 號 立緒文化事業有限公司帳戶
行政院新聞局局版臺業字第 6426 號

總經銷——大和書報圖書股份有限公司
電話—— (02) 8990-2588
傳真—— (02) 2290-1658
地址——新北市新莊區五工五路 2 號
排版——菩薩蠻數位文化有限公司
印刷——尖端數位印刷有限公司

法律顧問——敦旭法律事務所吳展旭律師

分類號碼——140
ISBN——978-986-360-211-8
出版日期——中華民國 112 年 7 月初版　一刷（1~1,500）

定價◎ 320 元　立緒

大都文化 閱讀卡

姓　名：

地　址：□□□

電　話：(　　)　　　　　　傳 真：(　　)

E-mail：

您購買的書名：________________________________

購書書店：__________市（縣）______________書店

■您習慣以何種方式購書？

□逛書店 □劃撥郵購 □電話訂購 □傳真訂購 □銷售人員推薦

□團體訂購 □網路訂購 □讀書會 □演講活動 □其他________

■您從何處得知本書消息？

□書店 □報章雜誌 □廣播節目 □電視節目 □銷售人員推薦

□師友介紹 □廣告信函 □書訊 □網路 □其他__________

■您的基本資料：

性別：□男 □女　婚姻：□已婚 □未婚　年齡：民國______年次

職業：□製造業 □銷售業 □金融業 □資訊業 □學生

□大眾傳播 □自由業 □服務業 □軍警 □公 □教 □家管

□其他 ______________________________

教育程度：□高中以下 □專科 □大學 □研究所及以上

建議事項：

愛戀智慧 閱讀大師

廣 告 回 信
北區郵政管理局登記證 北臺字8448號
免 貼 郵 票

立緒文化事業有限公司 收

新北市 2 3 1

新店區中央六街62號一樓

請沿虛線摺下裝訂，謝謝！

立緒文化 閱讀卡

感謝您購買立緒文化的書籍

為提供讀者更好的服務，現在填妥各項資訊，寄回閱讀卡（免貼郵票），或者歡迎上網http://www.facebook.com/ncp231 即可收到最新書訊及不定期優惠訊息。